Heiko Duin
Günter Symanzik
Ute Claussen

Beleuchtungsalgorithmen in der Computergrafik

Springer-Verlag

Berlin Heidelberg New York
London Paris Tokyo
Hong Kong Barcelona
Budapest

Dipl.-Inform. Heiko Duin
Weizenkampstraße 8
D-28199 Bremen

Dipl.-Inform. Günter Symanzik
Buntentorsteinweg 82
D-28201 Bremen

Dr. Ute Claussen
Frohlinder Straße 46
D-44577 Castrop-Rauxel

ISBN-13:978-3-642-77988-6

Die Deutsche Bibliothek – CIP-Einheitsaufnahme
Duin, Heiko: Beleuchtungsalgorithmen in der Computergrafik / Heiko Duin; Günter Symanzik; Ute
Claussen. – Berlin; Heidelberg; New York; London; Paris; Tokyo; Hong Kong; Barcelona; Budapest:
Springer, 1993
ISBN-13:978-3-642-77988-6   e-ISBN-13:978-3-642-77987-9
DOI: 10.1007/978-3-642-77987-9

NE: Symanzik, Günter:; Claussen, Ute:

Satz: Reproduktionsfertige Vorlage von den Autoren
33/3140 – 5 4 3 2 1 0 – Gedruckt auf säurefreiem Papier

Vorwort

Liebe Leserin, lieber Leser,

das vermehrte Interesse an grafischen Benutzungsoberflächen führt zu einem gestiegenen Interesse an zwei- und dreidimensionaler Computergrafik. Eines der Teilgebiete der dreidimensionalen Computergrafik, das sich in den letzten zehn Jahren am schnellsten entwickelte, ist die Beleuchtung und Schattierung. Fast im Jahresrhythmus erscheinen neue Ideen, die zu "noch schöneren Bildern" führen.

Zwei dieser aktuellen Verfahren sind das Ray-Tracing- und das Radiosity-Verfahren. Ursprünglich sich getrennt entwickelnd und als komplementär aufgefaßt, wachsen beide immer mehr zusammen. Die Grundlagen beider Verfahren, ihre Gemeinsamkeiten und die (noch) trennenden Eigenschaften sind die Themen dieses Buches.

Es basiert auf einer Diplomarbeit im Studiengang Informatik an der Universität Bremen, die Anfang des Jahres 1992 beendet wurde. Ihr Ziel war der Vergleich der beiden Verfahren auf verschiedenen Ebenen: der Simulation physikalischer Gesetzmäßigkeiten, der algorithmischen Beschreibung und Komplexität und der "Güte" der erzeugten Bilder. Alle diese Aspekte werden in diesem Buch angesprochen.

Das Ziel, das wir mit diesem Buch verfolgen, ist die Darstellung der beiden Verfahren, so daß Studierende sie nachvollziehen können, Entwickelnde die Relevanz der Verfahren erkennen und wissenschaftlich auf dieser Grundlage weitergearbeitet werden kann.

Die beigefügten Anhänge zeigen sowohl Bildmaterial, das einen Eindruck der Leistungsfähigkeit der beiden Verfahren vermittelt, als auch Programmier-Beispiele, die als Anregungen für Entwickelnde gedacht sind.

Dank möchten wir den vielen Leuten aussprechen, die unsere Manuskripte mehrfach Korrektur gelesen haben. Besonderer Dank gebührt Prof. Dr. Frieder Nake, der uns immer mit anregenden Ideen zur Seite stand. Weiterhin danken wir Norbert Beckmann für die Verfügbarstellung einer äußerst effizienten Implementierung des R*-Baums.

<table>
<tr><td>Bremen, Sommer 1993</td><td>Heiko Duin
Günter Symanzik</td></tr>
<tr><td>Castrop-Rauxel, Sommer 1993</td><td>Ute Claussen</td></tr>
</table>

Inhalt

Kapitel 1

Einleitung

1.1 Motivation

Beim Betrachten computergenerierter Bilder, die i.a. als realistisch eingeordnet werden, bemerkten wir einige Unstimmigkeiten in den Bildern, ohne eine genaue Angabe darüber machen zu können, was nicht "richtig" ist. Wir interessierten uns für die Verfahren zur Erzeugung solcher Bilder, um diese Unstimmigkeiten bewerten zu können. Dabei beschäftigten uns folgende Fragen:

- Mit welchen Verfahren können "realistische Computergrafiken" generiert werden?

- Worauf kommt es bei "realistischen Computergrafiken" an?

- Wie genau ist die Modellierung der Beleuchtung in "realistischen Computergrafiken"?

Bevor eine detaillierte Darstellung der Verfahren erfolgt, sei an dieser Stelle untersucht, was eigentlich eine "realistische Computergrafik" ist.

1.2 Realismus in der Computergrafik

Wie die Begriffe **Realismus** bzw. **Fotorealismus** in der Computergrafik aufgefaßt werden, wird z.B. von Hall und Greenberg in [HALL83] wie folgt beschrieben:

> "Unser Ziel bei der Synthese realistischer Bilder ist es, ein Bild zu generieren, das im visuellen Wahrnehmungssystem einen Reiz auslöst, der nicht zu unterscheiden ist von dem, der durch eine wirkliche Umgebung hervorgerufen wird."[1]

---

[1] Im Original: "Our goal in realistic image synthesis is to generate an image, that evokes from the visual perception system a response indistinguishable from that evoked by the actual environment."

Computergrafische Bilder, die dieser Einordnung entsprechen sollen, zeichnen sich dadurch aus, daß sie auf den ersten Blick wie eine Fotografie von einer bestimmten Szenerie (meistens ein Stilleben) wirken. Die Autoren des obigen Zitats versuchen im weiteren Verlauf ihrer Arbeit dieses Ziel ohne Berücksichtigung des visuellen Wahrnehmungssystems bzw. der dargestellten Bildinhalte zu erreichen, indem sie ausgefeilte Techniken zur Simulation der Lichtausbreitung benutzen. Aber sind diese Art der Computergrafiken als *realistisch* einzuordnen?

Hofmann und Reichenberger (siehe [HOF89]) diskutieren diese Begriffe im Zusammenhang mit der Begriffsbildung in der Informatik und kommen zu folgenden Einsichten:

- Der Begriff Realismus hat in der bildenden Kunst eine gänzlich andere Bedeutung. Realistische Bilder in diesem Sinne stellen Themen aus dem Alltagsleben dar. Diese Bilder zeigen nicht idealisierte Welten, sondern das "häßliche", reale Leben. Auch der Begriff Fotorealismus bezeichnet in der bildenden Kunst etwas anderes. Auf technischer Ebene wird eine Fotografie als Bildvorlage genommen, inhaltlich versucht diese Richtung die "Wirklichkeit" und Selbstverständlichkeit der Fotografie in Frage zu stellen.

- Realismus beinhaltet etwas sehr subjektives. So wird ein gegenständliches Bild erst zum Bild, wenn es betrachtet wird. Erst durch die Einordnung und Abstraktion der vorliegenden Umrisse, Formen und Farben wird durch die Betrachtung der dargestellte Sachverhalt erkannt, ansonsten bleibt in diesem Sinne das darstellende Mittel, was es ist (z.B. Farbe auf einer Leinwand, eine Menge verschiedenfarbiger Pixel auf dem Monitor). Der Betrachter muß also a priori den dargestellten Sachverhalt kennen.

- Die vorhandenen, als realistisch eingeordneten, computergrafischen Bilder sind *idealistische* Bilder. "*Wir müssen diese Bilder als idealistisch einordnen, da zu ihrer Erzeugung von den realen Gegebenheiten im Sinne der Modellbildung für die Beleuchtung und die geometrische Modellierung abstrahiert und idealisiert worden ist.*" ([HOF89], S. 489)

Die Kategorie der gegenständlichen, computergrafischen Bilder, um die es im folgenden geht, können als beleuchtungsgetreue Darstellungen angesehen werden. Es werden Szenen, bestehend aus künstlichen Gegenständen, mit Hilfe eines Visualisierungsverfahrens, das die Lichtausbreitung simuliert, dargestellt. Da bei diesen Bildern alles künstlich ist, sprechen wir von *synthetischen* Bildern. Den Prozeß zur Generierung eines synthetischen Bildes nennen wir *Bildsyntheseprozeß*, das angewandte Verfahren ist das *Beleuchtungsverfahren*.

Im allgemeinen wird großer Wert darauf gelegt, daß die Simulation der Ausbreitung des Lichts so geschieht, daß sie der physikalischen Wirklichkeit sehr nahe kommt. In der Computergrafik sind im Grunde nur zwei Verfahren bekannt, die Anspruch darauf erheben, die Ausbreitung des Lichts in diesem Sinne zu modellieren:

- das *Ray-Tracing* und

- das *Radiosity-Verfahren*.

Die Intention dieser Arbeit ist es nun, diese beiden Verfahren in vergleichender und, in bezug auf die Genauigkeit der Modellierung der Lichtausbreitung, in bewertender Weise nebeneinander zu stellen und zu zeigen, an welchen Stellen vereinfachende und damit idealisierende Annahmen gemacht werden.

Kapitel 2

Grundlagen aus der Physik

In diesem Kapitel soll die Lichtausbreitung dargestellt werden, ohne daß verfahrensbezogene, einschränkende Annahmen gemacht werden. Durch die Darstellung der spektralen lichttechnischen Größen soll gezeigt werden, welche für die Beleuchtungsberechnung benötigt werden und wie sie miteinander zusammenhängen, um uns in den folgenden Kapiteln auf diese Größen stützen zu können. Anschließend wird gezeigt, wie eine spektrale Größe einer Farbe zugeordnet werden kann, die auf einem Monitor darstellbar ist.

2.1 Licht

In der Physik gibt es zwei verschiedene Modelle für Licht. James Clerc Maxwell (1831 - 1879) beschreibt das Licht als elektromagnetische Wellen ähnlich den Funkwellen, was einer Weiterentwicklung der Wellentheorie von Christiaan Huygens (1629 - 1695) entspricht. Mit diesem Modell lassen sich viele Phänomene des Lichtes beschreiben, wie z.B. Reflexion, Brechung, Beugung und Polarisation. Leider lassen sich mit dieser Theorie nicht alle beobachtbaren Effekte erklären (z.B. Fotoeffekt).

Isaac Newton (1643 - 1727) beschreibt das Licht als eine Folge von Teilchen, die er Korpuskeln nannte (Korpuskulartheorie des Lichtes). Dieses Modell wurde in der Physik lange Zeit benutzt, bis es von der oben erwähnten Wellentheorie abgelöst wurde. Anfang dieses Jahrhunderts wurde von Albert Einstein (1879 - 1955) ein neues Teilchenmodell entwickelt. Mit Hilfe der damals gerade entstandenen Vorstellung von Quanten (als nicht weiter teilbare, kleinste Energieportionen) beschreibt er das Licht als eine Folge von Lichtquanten, die er Photonen nannte, und die man sich als kleine Teilchen vorstellen kann. Dieses Modell erklärt gerade die mit der Wellentheorie nicht deutbaren Effekte, kann aber z.B. die Beugung und Polarisation nicht beschreiben. Dies stellte für Einstein aber keinen Widerspruch dar, sondern spiegelte einfach den komplizierten, vielschichtigen Charakter des Lichts wider. Für ihn kommt damit die Dualität im Wesen des Lichtes zum Ausdruck.

Für eine einfache Modellierung von Beleuchtungseffekten spielt das Wesen des Lichts keine entscheidende Rolle. Zur Untersuchung, in welche Richtung sich Licht ausbreitet, werden strahlenoptische Gesetze angewandt, der Farbeindruck, den Licht im Auge hinterläßt, ist jedoch wellenlängenabhängig. Zur Berechnung des Helligkeitseindrucks werden strahlungsphysikalische bzw. lichttechnische Formeln benutzt.

2.2 Ausbreitung von Licht

Wenn Licht auf eine Oberfläche fällt, so wird das Licht reflektiert oder es dringt in das Material ein. Eine Oberfläche ist eine Grenze zwischen zwei Materialien, wie z.B. Luft und Metall. Diese beiden grundsätzlichen Mechanismen der Wechselwirkung von Licht mit Oberflächen werden Reflexion und Refraktion genannt. Beide können sowohl gerichtet (ideal) als auch gestreut (diffus) auftreten, woraus sich vier Fälle ergeben (siehe [CLAU88] und Abb 2.1).

Die diffuse Ausbreitung des Lichts entspricht einer makroskopischen Sicht. Aus mikroskopischer Sicht existiert nur eine gerichtete (ideale) Ausbreitung, wobei die diffuse Ausbreitung durch mehrfache Reflexionen zwischen kleinsten Unebenheiten der Oberfläche resultiert.

*Abb. 2.1
Ausbreitungsarten des
Lichtes*

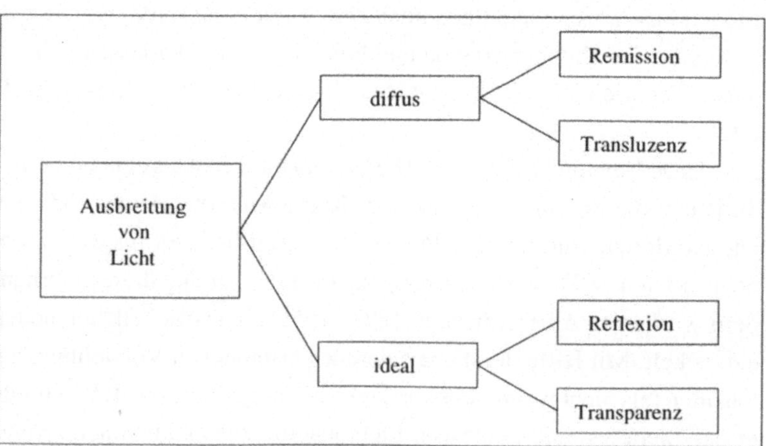

Die diffuse Reflexion wird auch Remission und das diffuse Eindringen von Licht in Material auch Transluzenz genannt.

Ein weiterer Effekt, der bei der Interaktion von Licht mit Material auftreten kann, ist die Absorption. Bei diesem Effekt wird ein Teil des in das Material eingedrungenen Lichts "verschluckt". Es wird in eine andere Energieform, z.B. in Wärme, umgewandelt.

Das Verhältnis des reflektierten Lichts zum auffallenden Licht wird mit dem *Reflexionskoeffizienten* beschrieben. Analog ergeben sich der *Transmissions-* bzw. der *Absorptionskoeffizient*. Diese drei Koeffizienten sind vom Material und von den Wellenlängen des auffallenden Lichts abhängig. Nach dem Energieerhaltungssatz ist die Summe des reflektierten, transmittierten und des absorbierten Lichts gleich der Gesamtmenge des auffallenden Lichts. Somit ist die Summe der drei Koeffizienten gleich Eins.

2.3 Reflexion und Refraktion

Für die Bestimmung der Richtung eines ideal reflektierten Lichtstrahls wird das Reflexionsgesetz genutzt.

Einfallender und reflektierter Strahl bilden mit der Senkrechten der Fläche gleiche Winkel; einfallender Strahl, Senkrechte und reflektierter Strahl liegen in einer Ebene.

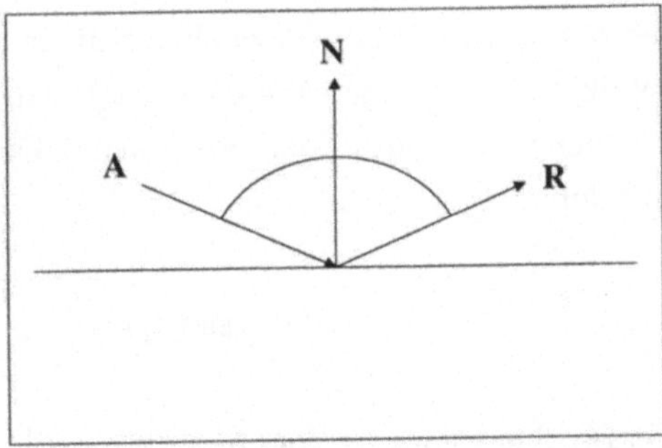

Abb. 2.2
Geometrie
der Reflexion

Zur Richtungsbestimmung eines ideal gebrochenen Strahls, wird Snells Gesetz angewendet.

Einfallender Strahl, Senkrechte und gebrochener Strahl liegen in einer Ebene. Der Sinus des Einfallswinkels steht zum Sinus des Brechungswinkels in einem konstanten Verhältnis, das nur von der Natur der beiden Medien abhängt.

Mathematisch formuliert bedeutet dies

$$\frac{\sin(\alpha)}{\sin(\beta)} = \frac{n_2}{n_1} = const. \; ,$$

2.3.0.1

wobei n_1 und n_2 die Brechungsindizes der Medien darstellen.

Die Geometrie der Reflexion und Brechung ist in Abb. 2.2 bzw. Abb. 2.3 dargestellt. **A** entspricht dem Richtungsvektor vom Betrachtungsstandpunkt und **N** ist die Oberflächennormale. **R** und **T** entsprechen dem reflektierten und dem gebrochenen Vektor **A**.

Abb. 2.3
Geometrie
der Brechung

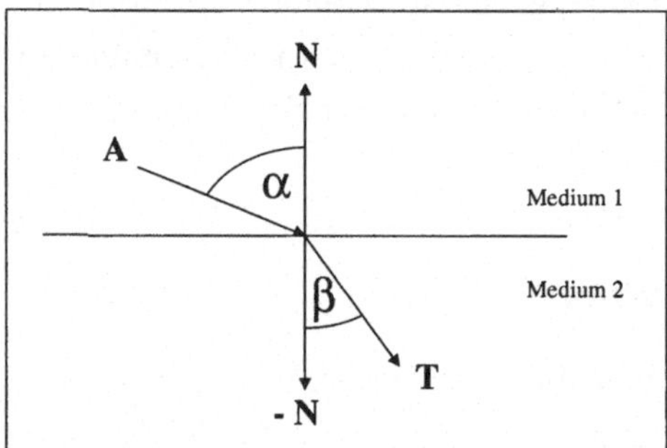

Beim Übergang eines Lichtstrahles von einem optisch dünneren zu einem optisch dichteren Medium ($n_2 > n_1$) wird der Strahl zur Normalen hin gebrochen, während er im umgekehrten Fall von der Normalen weg gebrochen wird. Wenn im zweiten Fall ein bestimmter Grenzwinkel α_g (Winkel zwischen der Normalen und dem einfallenden Strahl) überschritten wird, so tritt Totalreflexion auf. Dieser Grenzwinkel bestimmt sich durch

$$\sin(\alpha_g) = \frac{n_2}{n_1} \; .$$

2.3.0.2

Der Brechungsindex n eines Mediums wird hier als Konstante angenommen, ist aber abhängig von der Wellenlänge des Lichts. Wird z.B. ein Lichtstrahl, der aus mehreren Wellenlängen zusammengesetzt ist, an einem Prisma gebrochen, so wird der Strahl in mehrere Strahlen aufgefächert. Dieser Effekt wird Dispersion genannt.

2.4 Lichttechnische Grundlagen

2.4.1 Spektren

Eine *absolute spektrale Energieverteilung* gibt an, wie stark die einzelnen Wellenlängen in einem Lichtstrahl vertreten sind. Die Gesamtenergie, die ein Lichtstrahl mit sich führt, kann durch Integration über die absolute spektrale Energieverteilung errechnet werden und wir erhalten z.B. den Strahlungsfluß einer Lichtquelle:

$$\Phi_e = \int_0^\infty \Phi_e(\lambda)\, d\lambda \qquad 2.4.1.1$$

wobei $\Phi_e(\lambda)$ den Strahlungsfluß der Wellenlänge λ und Φ_e den gesamten Strahlungsfluß angibt.

Die *relative spektrale Energieverteilung* beschreibt die normierte Energieverteilung auf die einzelnen Wellenlängen und ist einheitenlos. Um eine absolute spektrale Energieverteilung zu erhalten, wird die relative spektrale Energieverteilung mit einer Konstanten multipliziert (die dann eine Einheit hat).

Spektren können nicht nur für den Strahlungsfluß angegeben werden, sondern auch für alle anderen strahlungsphysikalischen Größen.

2.4.2 Größen und Einheiten

Die Lichttechnik ist eine Anwendung der Strahlungsphysik. Während die strahlungsphysikalischen Größen energiebezogen sind und für Strahlung aller Wellenlängen gelten, wird bei den lichttechnischen Größen die Empfindlichkeit des menschlichen Auges berücksichtigt. Tabelle 2.1 stellt strahlungsphysikalische und lichttechnische Größen gegenüber

Strahlungsphysikalische Größe		Einheit	Lichttechnische Größe		Einheit
Strahlungsfluß	Φ_e	W (Watt)	Lichtstrom	Φ	lm (Lumen)
Strahlstärke	I_e	W/sr	Lichtstärke	I	$lm/sr = cd$ (Candela)
Bestrahlungsstärke	E_e	W/m^2	Beleuchtungsstärke	E	$lm/m^2 = lx$ (Lux)
Strahldichte	L_e	$W/m^2 sr$	Leuchtdichte	L	$lm/m^2 sr = cd/m^2$

Tabelle 2.1
Strahlungsphysikalische und lichttechnische Größen

(siehe [HEN87], S.40), um den Bezug zu den energetischen Einheiten zu verdeutlichen.

Im folgenden werden nur die lichttechnischen Größen erläutert, da diese für die Bildsynthese interessant sind.

Raumwinkel

Der Raumwinkel hat in der Lichttechnik eine zentrale Bedeutung. Analog zu einem ebenen Winkel, gemessen im Bogenmaß, der das Verhältnis von der Länge eines Kreisbogens zum Radius angibt, beschreibt der Raumwinkel das Verhältnis des Flächeninhalts A_K eines beliebig begrenzten Flächenstücks auf der Kugeloberfläche zum Quadrat des Kugelradius r :

$$\omega = \frac{A_K}{r^2}.$$

2.4.2.1

Der Raumwinkel ω ist formal einheitenlos. Wie bei den ebenen Winkeln rad für Radiant als (Pseudo-)Einheit benutzt wird, so wird auch für Raumwinkel eine Einheit definiert: sr für Steradiant. 1 sr entspricht der Fläche von 1 m^2 auf der Oberfläche einer Kugel mit 1 m Radius.

Der Raumwinkel wird benutzt, um die Richtungsabhängigkeit der lichttechnischen Größen beschreiben zu können.

Lichtstrom

Der Lichtstrom Φ, gemessen in lm (Lumen), gibt die gesamte, an den umgebenden Raum abgestrahlte, richtungsunabhängige Lichtleistung an.

$$\Phi = C \cdot \int_{380nm}^{780nm} \Phi_e(\lambda) \cdot V(\lambda) \cdot d\lambda ,$$

2.4.2.2

Φ entspricht dem Lichtstrom in lm, C ist ein Proportionalitätsfaktor ($C = 683$ lm/W), $\Phi_e(\lambda)$ ist der Strahlungsfluß für die Wellenlänge λ, und

$V(\lambda)$ ist der spektrale Hellempfindlichkeitsgrad für den fotometrischen Normalbetrachter CIE[1] für Tagessehen und ist in 1 nm Schritten definiert. Abb. 2.4 zeigt $V(\lambda)$, wobei die Daten aus [HEN87], S. 36 entnommen wurden.

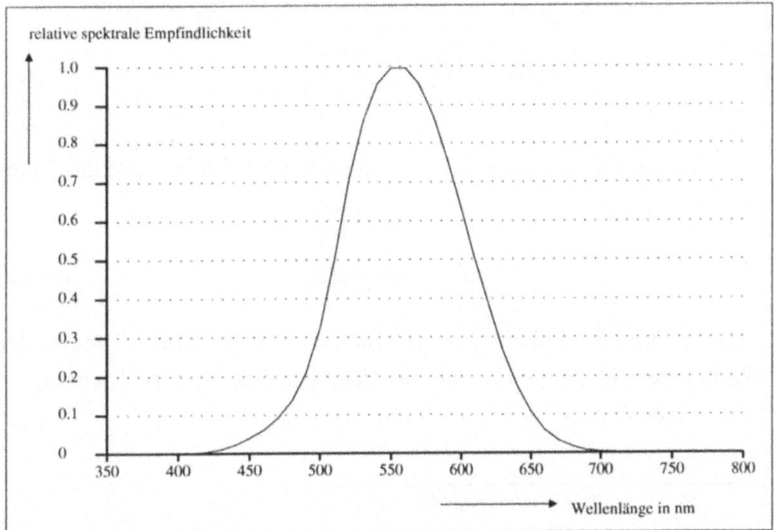

Abb. 2.4
Hellempfindlichkeits-
kurve nach CIE

Der Lichtstrom ist teilweise auf den Verpackungen von Lampen (z.B. "Sparlampen") angegeben oder kann aus entsprechenden Tabellen entnommen werden.

Lichtstärke

Die Lichtstärke I, gemessen in cd (Candela), gibt den in eine bestimmte Richtung abgestrahlten Lichtstrom an.

$$I = \frac{d\Phi}{d\omega} \, , \qquad\qquad 2.4.2.3$$

ω beschreibt dabei den Raumwinkel (siehe Abb. 2.5).
Bei räumlich konstantem Lichtstrom ergibt sich

$$I = \frac{\Phi}{\omega} \, . \qquad\qquad 2.4.2.4$$

---

[1] CIE = Comission Internationale de l'Éclairage

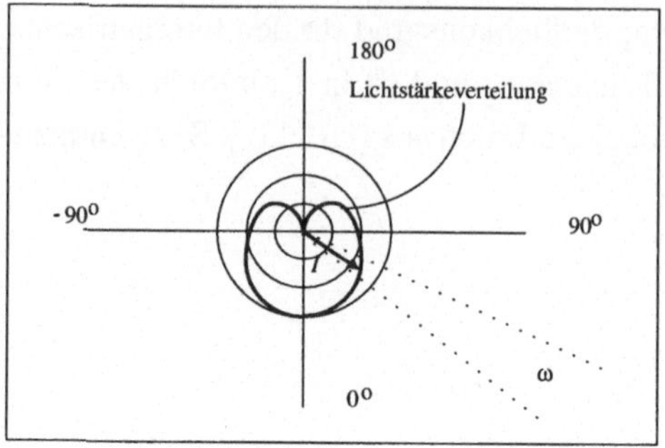

Für planare, gleichmäßig diffus strahlende Oberflächen gilt das Lambertsche Gesetz

$$I = L{\cdot}A{\cdot}\cos(\alpha), \qquad 2.4.2.5$$

wobei L die Leuchtdichte, A die leuchtende Fläche in m^2 und α der Winkel zwischen der Normalen der Fläche und der Abstrahlrichtung ist (siehe Abb. 2.6).

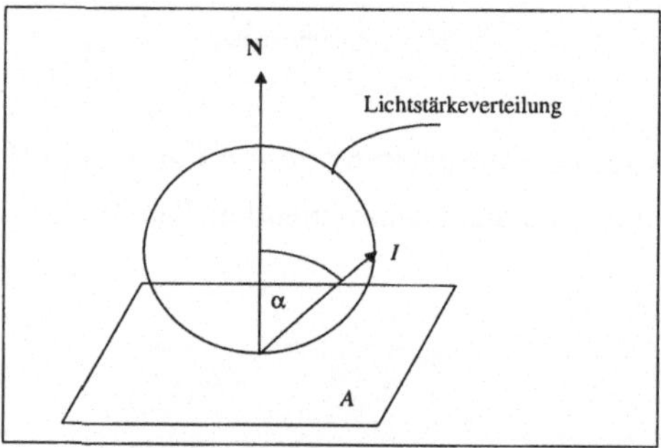

Die Lichtstärke wird benutzt, um die Bündelung des Lichts in Lichtverteilungskurven anzugeben.

Beleuchtungsstärke

Die Beleuchtungsstärke E, gemessen in lx (Lux, wobei 1 lx $= 1\,^{lm}\!/_{m^2}$) wird zur Bewertung der Beleuchtung herangezogen.

$$E = \frac{d\Phi}{dA} \qquad 2.4.2.6$$

Φ ist der empfangene Lichtstrom und A der Flächeninhalt der beleuchteten Fläche. Für gleichmäßig beleuchtete Flächen gilt

$$E = \frac{\Phi}{A} \cdot \qquad \text{2.4.2.7}$$

Die Beleuchtungsstärke läßt sich auch als

$$E = \frac{I \cdot \cos(\alpha)}{r^2} \cdot \omega_0 = \frac{I \cdot \cos(\alpha)}{r^2} \qquad \text{2.4.2.8}$$

ausdrücken, wobei I die Lichtstärke, r den Abstand und α den Winkel zwischen Lichtquelle und beleuchteter Fläche darstellt (siehe Abb. 2.7). ω_0 steht für den Einheitsraumwinkel ($\omega_0 = 1$ sr).
Beispielsweise werden bei Arbeitsplatzbeleuchtungen 100 lx für grobe, 200 lx für mittlere und 1000 lx für feine Arbeiten gefordert. Die Beleuchtungsstärke läßt sich als einzige lichttechnische Größe einfach meßtechnisch erfassen.

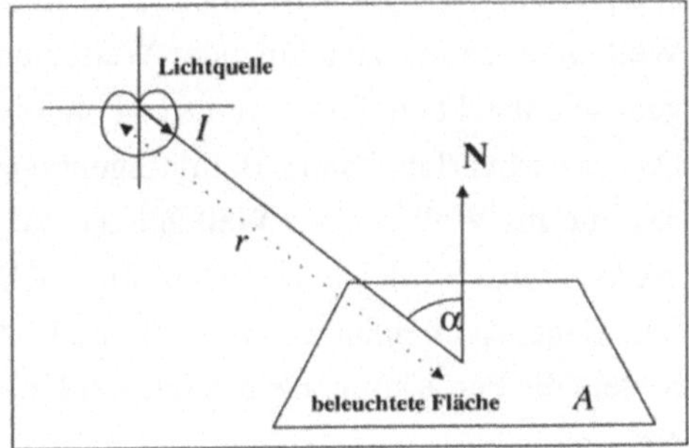

Abb. 2.7
Geometrie für die
Beleuchtungsstärke

Leuchtdichte

Die Leuchtdichte L, gemessen in $^{cd}/m^2$ (eine weitere gebräuchliche Einheit für die Leuchtdichte ist sb (Stilb), wobei $1\,sb = 1\ ^{cd}/cm^2$), ist das Maß für den Helligkeitseindruck einer Lichtquelle oder einer beleuchteten Fläche. Für eine diffus reflektierende beleuchtete Fläche gilt

$$L = \frac{E \cdot k_d}{\pi \cdot \omega_0} = \frac{E \cdot k_d}{\pi} \, , \qquad \text{2.4.2.9}$$

dabei ist E die Beleuchtungsstärke, k_d der diffuse Reflexionskoeffizient und $\omega_0 = 1\,sr$.
Für diffus strahlende Lichtquellen (Lambertstrahler) gilt

$$L = \frac{I}{A \cdot \cos(\alpha)} \, , \qquad \text{2.4.2.10}$$

wobei I die Lichtstärke in Betrachtungsrichtung und $A \cdot \cos\alpha$ die aus der Blickrichtung "gesehene Fläche" ist.

Fast alle Lichtquellen, wie z.B. Glühlampen, Leuchtstoffröhren oder auch die Sonne, sind Lambertstrahler. Wenn ein solcher Lambertstrahler planar und über die Fläche homogen ist, so erscheint dieser aus jedem beliebigen Blickwinkel gleich hell.

2.5 Farben

Bisher wurden die fotometrischen Begriffe unabhängig von der Verteilung der Energie auf das Spektrum der elektromagnetischen Wellenlängen, die das menschliche Auge als Licht wahrnimmt, betrachtet. Diese Verteilung ist insofern wichtig, da sie für den Farbeindruck, den Licht im Auge entstehen läßt, verantwortlich ist. Jede Wellenlänge entspricht dabei einer bestimmten Farbe. Benachbarte Wellenlängen haben ähnliche Farben. Diese Farben heißen *Spektralfarben*. Werden die Farben der Wellenlängen mit zunehmender Wellenlänge nebeneinander aufgetragen, so entsteht ein Farbverlauf von blau nach grün nach gelb nach rot. Dieser Farbverlauf kann z.B. im Regenbogen beobachtet werden. Licht, das nur aus Wellen einer Wellenlänge zusammengesetzt ist, heißt *monochromatisch*. Meistens besteht ein Lichtstrahl aber aus vielen verschiedenen Wellenlängen (wie z.B. das Licht der Sonne). In diesem Fall besteht die Farbe aus der Mischung der Farben der einzelnen Wellenlängen.

2.5.1 Das Auge

"Beleuchtete Gegenstände oder Lichtquellen nehmen wir durch ihre *Form*, *Farbe* und *Leuchtdichte* wahr" ([KEI67], S.213). Die Form eines betrachteten Gegenstandes kann durch seine Geometrie beschrieben werden, die Leuchtdichte kann nach den Formeln aus Kapitel 2.4.2 berechnet werden, wie läßt sich aber die Farbe beschreiben bzw. quantifizieren?

Zur Wahrnehmung von Farben ist die Netzhaut des Auges mit vielen kleinen Zäpfchen besetzt. Diese Zäpfchen tragen Fotopigmente, die sensibel für bestimmte Farben sind (z.B. für rot, grün und blau). Durch unterschiedliche Reizung (sowohl im Verhältnis als auch in der Menge) dieser Rezeptoren entsteht im menschlichen Bewußtsein der Eindruck einer Farbe. Dabei kommt es vor, daß Licht von unterschiedlicher spektraler Zusammensetzung den gleichen Farbeindruck erzeugt. Diese Farben werden *metamer* genannt.

Eine einfache Möglichkeit, einen Farbeindruck zu beschreiben, ist durch folgende drei Qualitäten gegeben (siehe z.B. [MEY86]).

* Der *Farbton* (im engl. hue) beschreibt den Farbton entsprechend einer Spektralfarbe.

* Die *Sättigung* (im engl. saturation) beschreibt die Farbreinheit (das Verhältnis von Weiß zur reinen Farbe).

* Die *Helligkeit* (im engl. brightness) beschreibt einen Eindruck, der zwischen hell und dunkel liegt.

Dies ist eine eher qualitative Möglichkeit, Farben zu beschreiben. Im folgenden wird eine quantitative Darstellung von Farben vorgestellt, die auch die Transformation von einem Farbsystem in ein anderes erlaubt.

2.5.2 Farbnormung

Eine noch heute gültige Normung wurde von der CIE 1931 durchgeführt. Das entstandene Modell heißt CIE-XYZ-Modell. Eine gute Einführung in dieses Thema gibt [MEY86], eine genaue Darstellung findet sich in [WYS67].

Grundsätzlich beruht diese Normung auf der Tatsache, daß jede vom Menschen wahrgenommene Farbe aus drei Farben zusammengemischt werden kann, wenn die drei Farben unabhängig voneinander sind. Das bedeutet, daß keine der drei Farben durch eine Mischung aus den anderen beiden dargestellt werden kann. Ausgegangen wird von drei Lichtquellen, die jeweils ein bestimmtes Spektrum haben, und die *Primärvalenzen* genannt werden. Wie diese Spektren aussehen, wird in der Literatur leider nicht dargestellt, es wird lediglich darauf verwiesen, daß sie in der Realität nicht vorkommen können (virtuelle Primärvalenzen[2]). Zu diesen virtuellen Lichtquellen existieren jeweils *Normspektralwertkurven* (im engl. color matching functions), die $\bar{x}(\lambda)$, $\bar{y}(\lambda)$ und $\bar{z}(\lambda)$ genannt werden. Diese Kurven sind in 1 nm Schritten definiert und in Abb. 2.8 dargestellt; die Werte können aus einer Tabelle abgelesen

---

[2] Einige Farben lassen sich durch Mischen realer Primärvalenzen nicht darstellen. Nur durch Mischen von negativen Anteilen einer oder zweier Primärvalenzen wäre dies möglich. Dies hat zur Folge, daß die zugehörigen Spektralwertkurven partiell negativ sind. Daher wurden virtuelle Primärvalenzen eingeführt, deren Spektralwertkurven zumindest positiv sind.

werden (z.B. [WYS67], S. 240 ff). Die Kurven sind so konstruiert, daß sie folgende Eigenschaften haben :

- Jeder Funktionswert der drei Funktionen ist immer positiv oder gleich null, was bei real existierenden Primärvalenzen nicht der Fall ist.

- Die Flächen unter jeder der drei Kurven sind gleich groß.

- Die Kurve von $\bar{y}(\lambda)$ entspricht der Hellempfindlichkeitskurve des Normalbetrachters $V(\lambda)$.

Eine Farbe kann nun durch das Tripel (X,Y,Z) dargestellt werden. Besteht das Spektrum, dessen Farbe ermittelt werden soll, nur aus einer Wellenlänge λ_1, so kann der Farbwert direkt als

$$
\begin{aligned}
X_1 &= C \cdot \Phi_e(\lambda_1) \cdot \bar{x}(\lambda_1) \\
Y_1 &= C \cdot \Phi_e(\lambda_1) \cdot \bar{y}(\lambda_1) \\
Z_1 &= C \cdot \Phi_e(\lambda_1) \cdot \bar{z}(\lambda_1)
\end{aligned}
\qquad 2.5.2.1
$$

ermittelt werden. C ist eine Konstante, $C = 683\ ^{lm}\!/_W$. $\Phi_e(\lambda)$ ist die absolute spektrale Energieverteilung des Lichts, dessen Farbe ermittelt werden soll. Praktisch gesehen gibt (X_1,Y_1,Z_1) an, wieviel Licht von den drei Primärvalenzen jeweils beigesteuert werden muß, damit die monochromatische Farbe des Lichts der Wellenlänge λ_1 dargestellt werden kann.

Für ein kontinuierliches Spektrum gilt

$$
\begin{aligned}
X &= C \cdot \int \Phi_e(\lambda)\, \bar{x}(\lambda)\, d\lambda \\
Y &= C \cdot \int \Phi_e(\lambda)\, \bar{y}(\lambda)\, d\lambda \\
Z &= C \cdot \int \Phi_e(\lambda)\, \bar{z}(\lambda)\, d\lambda \,.
\end{aligned}
\qquad 2.5.2.2
$$

In der Praxis werden die Integrale durch Summen ersetzt, da die Werte der Normspektralwertkurven in Form von Tabellen vorliegen.
Jede so dargestellte Farbe entspricht einem Vektor im dreidimensionalen Farbraum, dessen Aufpunkt im Ursprung liegt, und dessen Richtung in den positiven Oktanten zeigt. Werden alle diese Vektoren zusammengenommen, so entsteht ein kegelförmiger Körper (siehe Abb. 2.9).

Wird nun der Schnitt durch diesen Körper, der durch die Ebene $X + Y + Z = 1$ gegeben ist, betrachtet und auf die XY-Ebene projiziert, so entsteht das CIE Farbdiagramm (siehe Abb 2.10). Jeder Punkt, der innerhalb der hufförmigen Kurve liegt, stellt eine Farbe dar. Alle Punkte innerhalb dieser Kurve ergeben alle vom Menschen wahrnehmbaren

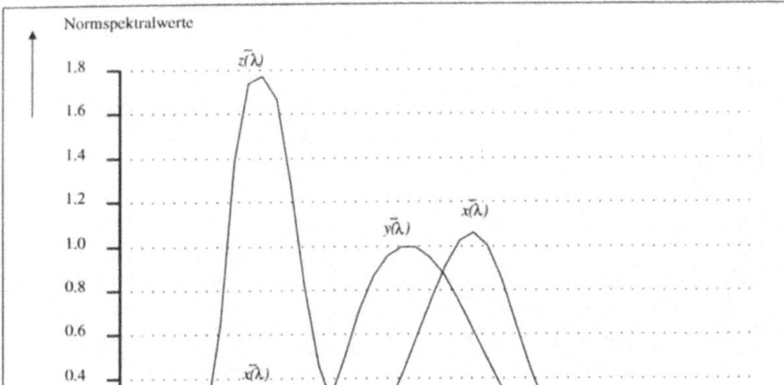

Abb. 2.8
Normspektralwertkurven
nach CIE 1931

Farben. Die Spektralfarben liegen auf dem kurvigen Rand dieses Gebildes, die untere Linie wird *Purpurlinie* genannt. Der Punkt E steht für die Farbe, die wahrgenommen wird, wenn die Energieverteilung über das sichtbare Spektrum konstant ist. Da die Flächen unter den Normspektralwertkurven nach Definition gleich groß sind, ergibt sich dieser Punkt als $x = y = \frac{1}{3}$. Die Farbe dieses Punktes wird vom Auge als Weiß wahrgenommen.

Ein Punkt im Farbdiagramm läßt sich mit

$$x = \frac{X}{X+Y+Z}$$

$$y = \frac{Y}{X+Y+Z}$$

$$z = \frac{Z}{X+Y+Z} = 1-x-y$$

2.5.2.3

berechnen. x und y werden *Farbwertanteile* genannt. Durch diese Projektion geht allerdings die Information zur Helligkeit der Farbe verloren. Ihr Vorteil liegt jedoch darin, daß jede Farbe durch ein zweidimensionales Tupel (x,y) beschrieben werden kann. Die Informationen über Farbton und Sättigung bleiben erhalten und können konstruktiv ermittelt werden. Der Farbton des Punktes F in Abb. 2.11 entspricht der Spektralfarbe, die durch den Punkt S bestimmt wird. S ist der Schnittpunkt der Verlängerung von E durch F mit dem kurvigen Rand des Diagramms. Trifft die Verlängerung auf die Purpurlinie, so gibt es keine Spektralfar-

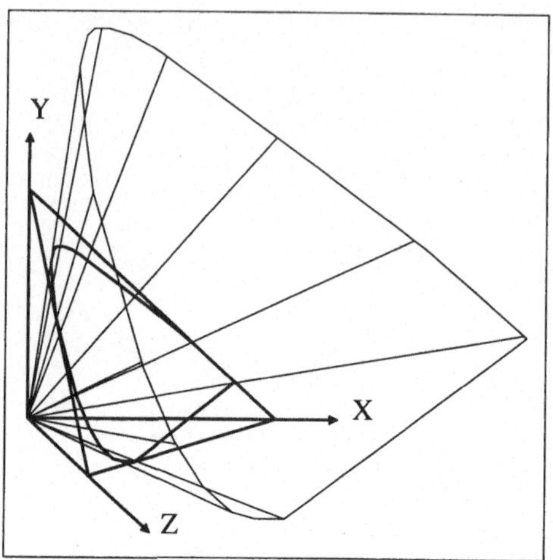

Abb. 2.9
Kegel der
wahrnehmbaren
Farben

be, die diesem Farbton entspricht. Die Sättigung ergibt sich aus dem relativen Abstand von F zu S.

Eine Farbpalette kann durch drei Punkte in diesem Diagramm definiert werden (siehe Abb. 2.12). Alle Farben, die innerhalb des aufgespannten Dreiecks liegen, können durch eine Mischung dieser drei Farben dargestellt werden, andere nicht. Da ein Farbmonitor Farben als eine Mischung aus drei Primärfarben darstellt (z.B. Rot, Grün, Blau), ist auch der Farbraum der auf dem Monitor darstellbaren Farben beschränkt. Es läßt sich kein Dreieck konstruieren, bei dem die Eckpunkte innerhalb des CIE Farbdiagramms liegen und das komplette Diagramm abdeckt. Daher kann ein realer Monitor mit drei Primärfarben niemals alle vom Menschen wahrnehmbaren Farben darstellen!

Abb. 2.10
CIE Farbdiagramm

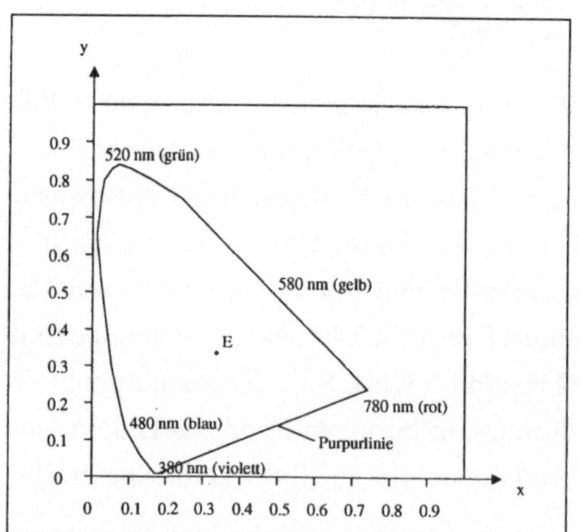

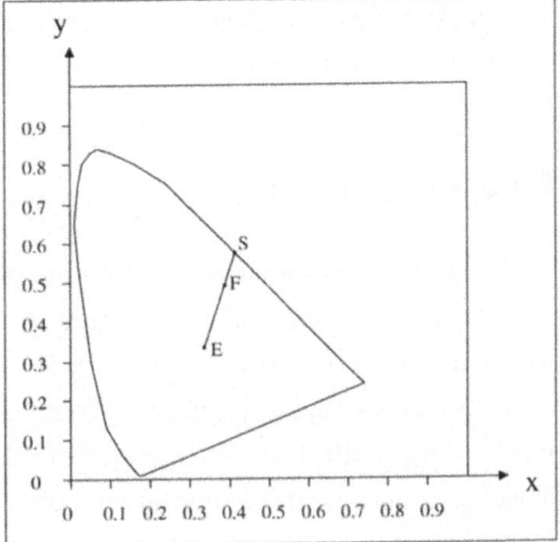

Abb. 2.11
Farbton und Sättigung
im CIE Farbdiagramm

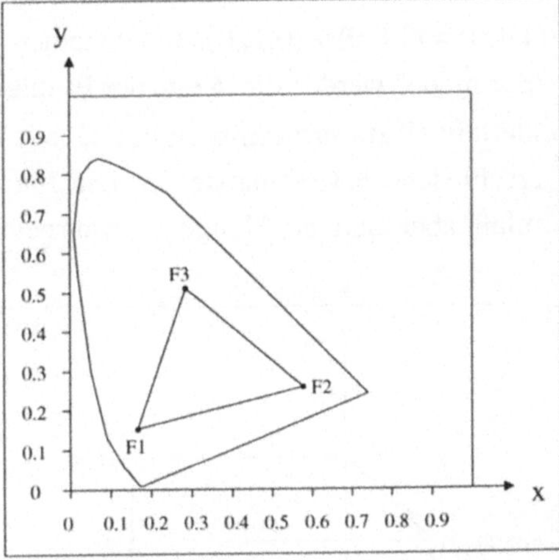

Abb. 2.12
Farbpalette im CIE
Farbdiagramm

Eine Farbe mit Helligkeitsinformation wird als Tripel (x,y,Y) dargestellt (Y entspricht nach Definition der Helligkeit). Das Tripel (X,Y,Z) läßt sich nach der Transformation

$$X = x\,\frac{Y}{y}$$
$$Y = Y$$
$$Z = (1-x-y)\,\frac{Y}{y}$$

2.5.2.4

wiedergewinnen.

Mit dieser Normierung ist es möglich, Farben in einem absoluten Sinn zu quantifizieren. Diskrete Farbbilder lassen sich geräteunabhängig speichern und mit Hilfe von Transformationen auf verschiedenen Ausgabegeräten darstellen. Da der Y-Wert der Helligkeit entspricht, läßt sich aus einem Farbbild leicht ein Schwarzweißbild erstellen.

2.5.3 Farbmodelle

In der grafischen Datenverarbeitung werden eine Vielzahl von unterschiedlichen Farbmodellen verwendet. An dieser Stelle sei das RGB[3]-Modell näher erläutert, da es z.B. seine Anwendung in der Monitortechnik findet. In diesem Modell sind alle Farben im Einheitswürfel dargestellt. Eine Farbe innerhalb des Würfels wird als additive Mischung aus den drei Grundfarben betrachtet, so daß sie mit Hilfe der Koordinaten angegeben werden kann (siehe Abb. 2.13). Zum Beispiel wird die Farbe Gelb als Summe von Rot und Grün dargestellt $((1,1,0) = (1,0,0) + (0,1,0))$. In Systemen mit dem sogenannten "true color mode" werden die Werte der Primärfarben in 256 diskrete Stufen unterteilt (8 Bit pro Primärfarbe). Damit lassen sich $256^3 = 16777216$ verschiedene Farben darstellen. Die Menge der darstellbaren Farben umfaßt aber nicht die Menge der wahrnehmbaren Farben .

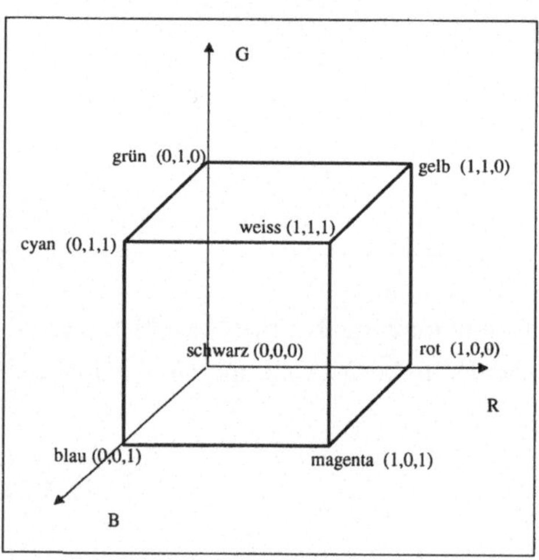

Abb. 2.13
Additives RGB-Modell

Ist eine Farbe im genormten CIE-XYZ-Modell als Tripel (X,Y,Z) bekannt, so läßt sie sich zum Tripel (R,G,B) transformieren mit

---

[3] R steht für Rot, G für Grün und B für Blau

$$\begin{pmatrix} X \\ Y \\ Z \end{pmatrix} = \begin{pmatrix} X_r & X_g & X_b \\ Y_r & Y_g & Y_b \\ Z_r & Z_g & Z_b \end{pmatrix} \cdot \begin{pmatrix} R \\ G \\ B \end{pmatrix} \quad <=> \quad \begin{pmatrix} R \\ G \\ B \end{pmatrix} = \begin{pmatrix} X_r & X_g & X_b \\ Y_r & Y_g & Y_b \\ Z_r & Z_g & Z_b \end{pmatrix}^{-1} \cdot \begin{pmatrix} X \\ Y \\ Z \end{pmatrix}. \qquad 2.5.3.1$$

Die Werte in der Matrix sind von den Farbwertanteilen der Monitorphosphore und von der Farbe und der Helligkeit des Monitors für $R=G=B=1$ abhängig. Wie diese Transformationsmatrix gefunden werden kann ist z.B. in [FOL90], S. 587 nachzulesen.

Bei dieser Transformation können unter Umständen negative Werte oder Werte größer als Eins im Tripel (R,G,B) auftreten, so daß die resultierende Farbe außerhalb des RGB-Würfels liegt. Die Behandlung solcher Fälle ist in [HALL89] ausführlich beschrieben.

Es gibt noch eine Reihe weiterer Farbsysteme, die in speziellen Bereichen ihre Verwendung finden, die hier aber nicht näher erläutert werden:

- das CMY-Modell (Cyan, Magenta, Yellow) für die Drucktechnik

- das HLS- (Hue, Lightness, Saturation) und HSV-Modell (Hue, Saturation, Value) für Benutzereingaben

- das CNS-Modell (Color Naming System) zur quantitativen Beschreibung von Farben mit Bezeichnern

Eine Darstellung dieser Modelle kann in vielen Grundlagenwerken der grafischen Datenverarbeitung gefunden werden (siehe z.B. [FOL90], S. 585 ff).

Kapitel 3

Der Bildsynthese-prozeß

Nachdem erkannt wurde, daß die Leuchtdichte den Helligkeitseindruck im menschlichen Auge bestimmt, wird nun der Bildsyntheseprozeß genauer untersucht. Es werden zwei Teile des Prozesses erkannt und definiert: der zugrundeliegende Algorithmus und das benutzte Modell. Im weiteren Verlauf wird beschrieben, wovon das Modell abhängt und was ein synthetisches Bild ist. Nach dieser globalen Darstellung werden sowohl das Ray-Tracing-Verfahren als auch das Radiosity-Verfahren aus algorithmischer Sicht dargestellt und auf informelle Art und Weise verglichen.

3.1 Überblick

Hall vergleicht in [HALL89] den Prozeß der Generierung eines synthetischen Bildes mit dem Vorgang der Gewinnung einer Fotografie oder eines Dias. Der Fotoapparat speichert eine Projektion der Umgebung auf einem Film, der danach entwickelt und zu einem Papierbild oder Dia weiterverarbeitet wird. Der Prozeß der Generierung eines künstlichen Bildes kann analog gesehen werden. Die wirkliche Umgebung wird durch die mathematische Beschreibung einer Szene ersetzt, die vom Computer zu einem Bild verarbeitet und meist in Form einer Datei gespeichert wird (siehe Abb. 3.1).

Dies folgt dem allgemeinen Prinzip der Datenverarbeitung, in welchem Eingabedaten zu Ausgabedaten verarbeitet werden. Die Eingabedaten sind die Beschreibung der Szene und die Ausgabedaten sind das generierte Bild. Der Computer arbeitet ein Programm ab, das diese Transformation vornimmt.

Abb.3.1
Vergleich von Fotografie
und Bildsynthese

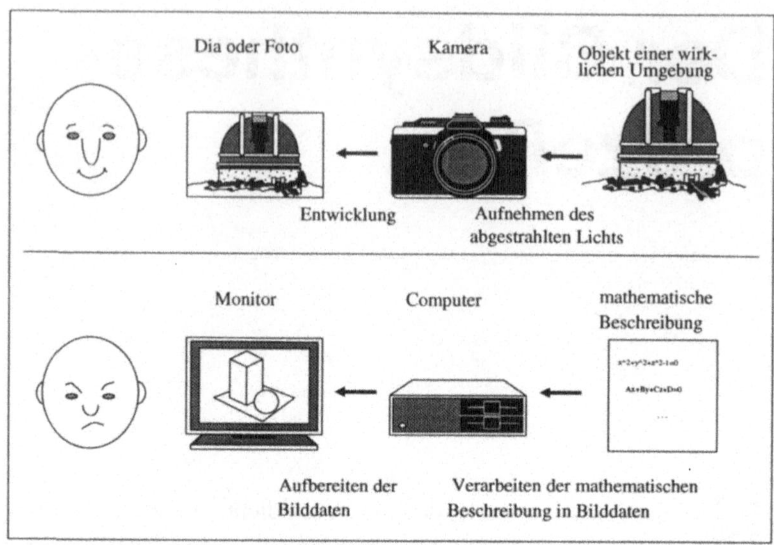

Der Prozeß der Bildgenerierung (im engl. rendering) kann nun wieder in vier Teile zerlegt werden ([HALL83]).

1. Die Modellierung der Umgebung. Dies beinhaltet die Beschreibung der Geometrie der einzelnen Objekte der Szene, ihre Position und Ausrichtung, Charakteristiken des Materials und Oberflächenbeschaffenheiten.

2. Die Simulation der Lichtausbreitung in dieser Umgebung. Die Lichtenergie, die auf die Oberfläche eines Objektes auftrifft, ist zusammengesetzt aus der Energie, die direkt von Lichtquellen ausgesendet wird, und dem Licht, das von anderen Oberflächen reflektiert wird. Das letztgenannte Licht wird häufig als globale Beleuchtung bezeichnet. Nachdem die Beleuchtungsverhältnisse ermittelt wurden, kann die Intensität des Lichts, das eine beliebige Oberfläche in eine beliebige Richtung verläßt, bestimmt werden.

3. Die Bestimmung der Intensitätsfunktion der Bildebene. Für jedes Pixel der Bildebene wird die Menge des Lichts bestimmt, die durch die Bildebene in das Auge fällt. In der Wirklichkeit ist diese Funktion kontinuierlich.

4. Die Konvertierung des diskreten Bildes in eine Form, die von einem Farbmonitor dargestellt werden kann. Dies kann Operationen wie Filterungen oder Farbanpassungen an den Monitor beinhalten.

Die folgenden Definitionen sind [CLAU88] bzw. [CLAU91] entnommen. Sie sind nützlich, um die Begriffe Beleuchtungsverfahren, Beleuchtungsmodelle und -algorithmen unterscheiden zu können:

"Ein **Beleuchtungsmodell** ist eine Vorschrift zur Berechnung der Strahlstärke [1] (oder Intensität) an einer bestimmten Stelle im Objektraum."

"Ein **Beleuchtungsalgorithmus** ist eine Vorschrift, an welcher Stelle der Szene welches Beleuchtungsmodell mit welchen Parametern anzuwenden ist."

"Ein **Beleuchtungsverfahren** ist die Gesamtheit von Beleuchtungsalgorithmus und einem oder mehreren Beleuchtungsmodellen."

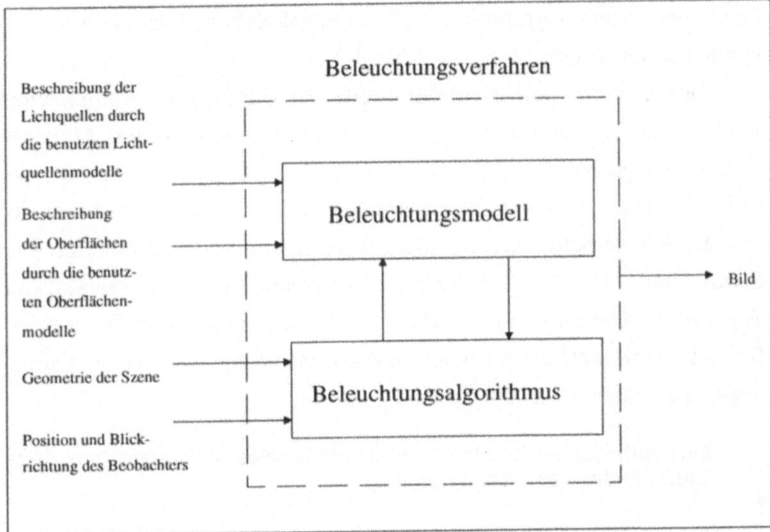

Abb. 3.2
Beleuchtungsverfahren

In das Beleuchtungsmodell gehen die Parameter der Sichtverhältnisse (z.B. Position der Lichtquelle, Intensität der Lichtquelle, Beschattung der zu beleuchtenden Fläche, Position des Beobachters) und die Parameter der Objekt-Oberflächenbeschaffenheit (Reflexions- und Transmissionsparameter) ein. Deshalb kann dieser Begriff weiter verfeinert werden. In [GRO90] wird ausgeführt:

"Ein **Oberflächenmodell** ist eine Vorschrift zur Simulation einer Objekt-Oberflächenbeschaffenheit."

Weiterhin kann ein Lichtquellenmodell definiert werden:

Ein **Lichtquellenmodell** ist eine Vorschrift zur Simulation einer Lichtquelle.

---

[1] Der Begriff Strahlstärke ist in der Strahlungsphysik eindeutig definiert. An dieser Stelle ist es besser, den Begriff Strahldichte aus der Strahlungsphysik oder den Begriff Leuchtdichte, der in der Beleuchtungstechnik definiert ist, zu verwenden. In der englischsprachigen Literatur ist die Leuchtdichte gemeint, wenn von "intensity" gesprochen wird.

In das Lichtquellenmodell gehen Parameter wie die Größe und Ausrichtung der Lichtquelle, Lichtstärke, Bündelung und Farbe des ausgesendeten Lichts ein.

Es ergibt sich eine Neuformulierung des Beleuchtungsmodells:

> Ein **Beleuchtungsmodell** ist eine Vorschrift zur Berechnung der Leuchtdichte an einer bestimmten Stelle im Objektraum auf der Basis eines Oberflächenmodelles und eines Lichtquellenmodelles.

Das Beleuchtungsverfahren stellt den zentralen Prozeß der Generierung synthetischer Bilder dar (siehe Abb. 3.2).

Des weiteren soll an dieser Stelle der Begriff des synthetischen Bildes (einer synthetischen Szene) genauer definiert werden. Meistens wird in der grafischen Datenverarbeitung die perspektivische oder parallele Projektion des dreidimensionalen Raumes auf die zweidimensionale Bildebene benutzt. Unter Berücksichtigung von Verdeckungen ist damit jedem Punkt der Bildebene genau ein Punkt im Objektraum zugeordnet. Die Farbe des Punktes der Bildebene soll gleich der spektralen Leuchtdichte des projizierten Punktes im Objektraum sein. Daraus ergibt sich folgende Definition:

> Ein **synthetisches Bild** ist ein zweidimensionales Feld, in dem (projizierte) Leuchtdichten gespeichert werden.

Die (projizierten) Leuchtdichten werden gemäß dem Beleuchtungsmodell ermittelt. Dies wird z.B. auch von Hall vorgeschlagen (siehe [HALL89], S. 19).

3.2 Der Algorithmus des Ray-Tracing-Verfahrens

Ray-Tracing ist ein Beleuchtungsalgorithmus und wird erst im Zusammenwirken mit einem oder mehreren Beleuchtungsmodellen zu einem Beleuchtungsverfahren. An dieser Stelle soll der Ray-Tracing-Algorithmus kurz erläutert werden (eine genauere Darstellung, insbesondere von Schnittpunkttests, findet sich z.B. in [MEI89], [NIK89]).

Lichtstrahlen werden von einer Lichtquelle in bestimmte Richtungen ausgesendet. Treten diese Strahlen in Wechselwirkung mit den Objekten der Szene, so werden sie reflektiert und gebrochen. Einige der Lichtstrahlen ändern durch eine oder mehrere Reflexionen und Brechungen ihre Richtung derart, daß sie ins Auge fallen. Das Objekt, mit dem sie das letzte Mal in Wechselwirkung standen, wird somit sichtbar (siehe Abb. 3.3). Da aber sehr viele Strahlen das Auge niemals erreichen, sind

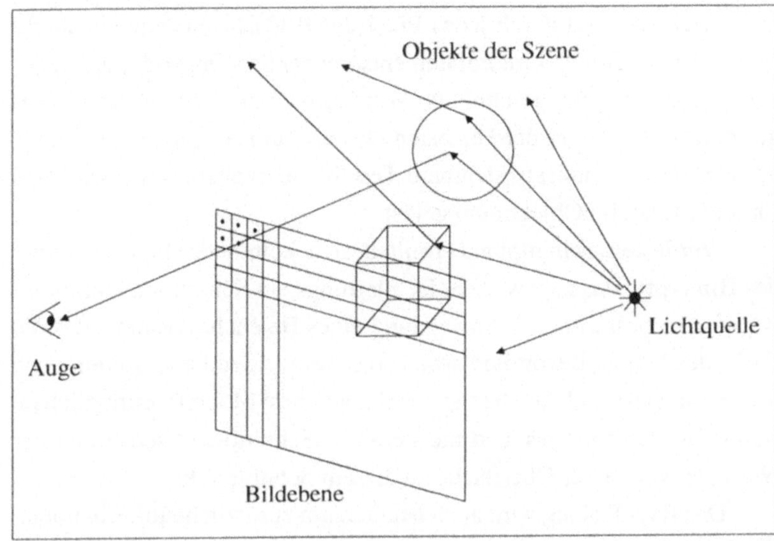

Abb. 3.3
Lichtstrahlen, die von
einer Lichtquelle
ausgehen

sie für das zu generierende Bild nicht von Interesse. Es werden nur die Strahlen benötigt, die auch das Auge erreichen! Also wird das Prinzip aus Gründen der algorithmischen Effizienz umgedreht, und die Strahlen starten im Auge. Es wird dann ein Weg zu einer Lichtquelle konstruiert, den ein Lichtstrahl in umgekehrter Richtung rücklegen muß, um das Auge zu erreichen (Abb. 3.4).

Das Ray-Tracing spielt sich im 3-dimensionalen Raum unter den Gesetzen der euklidischen Geometrie ab. Ein Strahl besteht aus einem Aufpunkt (z.B. das Auge) und einem Richtungsvektor. Wie aus Abb. 3.4

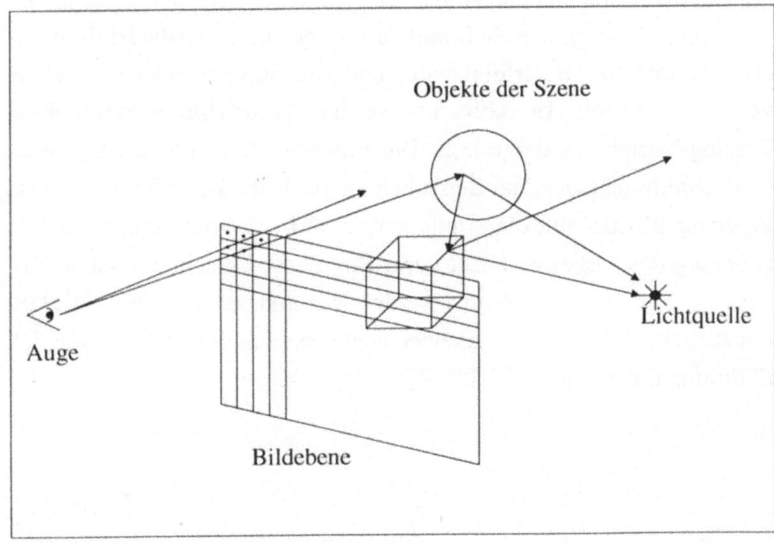

Abb. 3.4
Verfolgung von Strah-
len, die vom Auge
ausgehen

ersichtlich ist, wird durch jedes Pixel der Bildschirmebene ein Strahl gelegt. Dieser Strahl wird mit den entsprechenden Objekten, die in der Szene definiert sind, geschnitten. Werden mehrere Schnittpunkte festgestellt, so ist der mit der kürzesten Distanz zum Aufpunkt des Strahls der von diesem Punkt aus sichtbare. Das Sichtbarkeitsproblem wird also für jedes Pixel im Objektraum gelöst.

Wurde kein Schnittpunkt ermittelt, so bekommt das Pixel die Farbe des Hintergrundes zugewiesen. Ist allerdings ein Schnittpunkt ermittelt worden, so bestimmt die Anwendung eines Beleuchtungsmodelles die Farbe des Pixels. Bevor die Farbe berechnet werden kann, sollten noch die Parameter, welche die Anwendung eines Modells ermöglichen, bestimmt werden. Dies sind meistens der Schnittpunkt selbst und der Normalenvektor der Oberfläche zu diesem Schnittpunkt.

Das Ray-Tracing wird auch benutzt, um zusätzliche Informationen für das Beleuchtungsmodell zu ermitteln. So werden z.B. Strahlen vom Schnittpunkt zur Lichtquelle gesendet, um zu ermitteln, ob der Schnittpunkt von der Lichtquelle aus sichtbar ist oder ob ein anderes Objekt diesen Weg blockiert. Manchmal werden Informationen über das Licht, das aus einer bestimmten Richtung einfällt, vom Modell benötigt, da dieses Licht zur Beleuchtung beiträgt. In diesem Fall kann das Ray-Tracing rekursiv eingesetzt werden.

Der Beleuchtungsalgorithmus und das Beleuchtungsmodell sind beim rekursiven Ray-Tracing eng miteinander verknüpft, da diese beiden Teile des Verfahrens durch ihre gegenseitigen Aufrufe sehr eng miteinander zusammenarbeiten und damit das Ray-Tracing-Verfahren bilden (siehe Abb. 3.5 und Abb. 3.2).

Abb. 3.4 zeigt, wie ein Strahl vom Auge aus durch die Bildschirmebene in die Szene verfolgt wird, und wie Strahlen rekursiv weiterverfolgt werden. In Abb. 3.5 ist der Algorithmus eines Ray-Tracing-Verfahrens dargestellt. Die Prozedur `Intersect` bestimmt den Schnittpunkt, der dem Betrachter am nächsten ist, und ruft dann die Prozedur `Shade` auf, die ermittelt wieviel Licht vom Schnittpunkt in Richtung des Auges gesendet wird. Bei dieser Berechnung kann `Intersect` rekursiv aufgerufen werden. Whitted, auf den dieses Verfahren zurückzuführen ist, bezeichnet es ungenau als Beleuchtungsmodell ("illumination model", [WHIT80])!

```
PROGRAM RayTracer;

   PROCEDURE Intersect(    pos,dir : vector_type;
                       VAR color   : color_type) : REAL
   BEGIN
     intersect all objects with ray
     IF there is at least one intersection
     THEN dist := distance to nearest intersection
          hit  := intersection point
          ohit := object, that was hit
     ELSE dist := 0.0
     END;
     IF dist>0.0
     THEN normal := get the normal of the object ohit in hit
          Shade(hit,-ray.direction,normal,
                ohit^.surface,color)
     END;
     RETURN dist
   END;


   PROCEDURE Shade(    hit,eye,normal : vector_type;
                   surface            : surface_type;
                VAR color             : color_type);
   BEGIN
     use specified illumination model to determine color
     (this can include recursive calls of Intersect)
   END;


BEGIN
   read scene description
   FOR i:=0 TO x DO
     FOR j:=0 TO y DO
       ray := construct ray through pixel (i,j)
       d   := Intersect(ray,color);
       IF d>0.0 THEN picture[i,j] := color
                ELSE picture[i,j] := background
       END
     END
   END;
   store picture as file
END.
```

Abb. 3.5
Pseudocode für einen
Ray-Tracer

3.3   Der Algorithmus des Radiosity-Verfahrens

Das Radiosity-Verfahren berechnet die Leuchtdichten global in der Szene und projiziert sie anschließend auf die Bildebene. Diese Methode wurde erstmals in [GORA84] dargestellt und basiert auf dem physikalischen Modell des Wärmeaustausches, wobei ausschließlich diffus reflektierende bzw. diffus strahlende Oberflächen behandelt werden.

Der dem Radiosity-Verfahren zugrunde liegende Beleuchtungsalgorithmus kann grob in vier Schritte unterteilt werden.

1. Die Szene wird in kleine Flächenstücke (im engl. patches) aufgeteilt, wobei zwischen nur reflektierenden Flächenstücken und denjenigen, die selbst Licht aussenden (Lichtquellen), nicht unterschieden wird.

2. Für jedes Flächenstück wird die Leuchtdichte berechnet, wobei die Lichtquellen eine Eigenleuchtdichte haben.

3. Um einen kontinuierlichen Helligkeitsverlauf zu erzielen, werden die Leuchtdichten mit denen der Nachbarflächen interpoliert.

4. Die Flächenstücke werden dann auf die Bildebene projiziert.

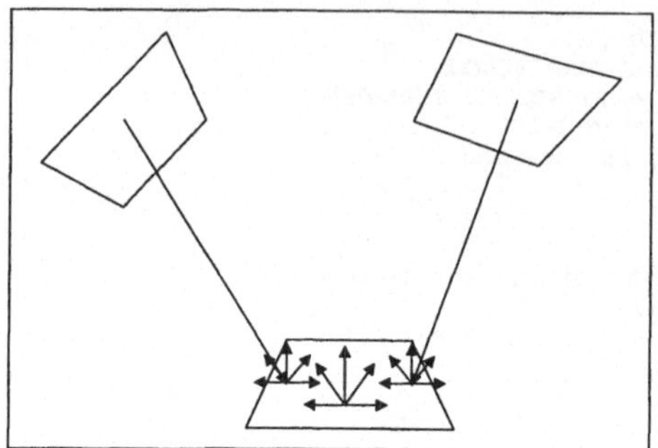

Abb. 3.6
Flächenstück empfängt
Strahlung

Die Schwierigkeit bei diesem Verfahren liegt in der Berechnung der Leuchtdichte der einzelnen Flächenstücke. Diese besteht aus der Eigenleuchtdichte, wenn es sich um eine Lichtquelle handelt, und aus dem reflektierten Licht, das von allen anderen Flächen empfangen wird (siehe Abb. 3.6). Diese Berechnung unterliegt den Eigentümlichkeiten des dem Radiosity-Verfahren zugrunde liegenden Beleuchtungsmodells.

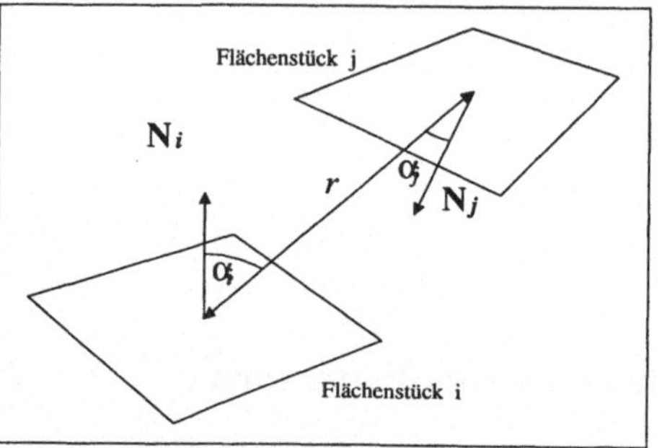

Abb. 3.7
Geometrie für die
Formfaktoren

Bei diffuser Lichtausbreitung ist die Beleuchtungsstärke des beleuchteten Flächenstücks nur von der Leuchtdichte des beleuchtenden Flächenstücks und deren Geometrie abhängig (Abstand r, die Winkel zueinander α_i, α_j, wobei N_i und N_j die Normalen der Flächen sind, Größe, aber auch evtl. Abschattung durch andere Flächen, siehe Abb. 3.7). Daraus läßt sich ein sogenannter Formfaktor definieren, der angibt, wieviel Licht von einer Fläche zu einer anderen übertragen wird.

Da jede Fläche von jeder anderen Fläche Licht empfangen kann und zu jeder anderen Fläche Licht aussendet, müssen entsprechend viele Formfaktoren bestimmt werden, die sich in Matrixform aufschreiben lassen. Es sei von N Flächenstücken ausgegangen. Dann läßt sich aus der Eigenleuchtdichte L_{E_i}, dem Formfaktor F_{ij} und dem Reflexionskoeffizienten k_{d_i} jedes Flächenstücks ein Gleichungssystem aufstellen, dessen Lösung die Leuchtdichte jedes einzelnen Flächenstücks bestimmt:

$$L_i = L_{E_i} + k_{d_i} \cdot \sum_{j=1}^{N} L_j \cdot F_{ij} \quad \text{für } 1 \le i \le N. \qquad 3.3.0.1$$

In Abb. 3.8 ist Pseudocode für das Radiosity-Verfahrens dargestellt. Wie zu erkennen ist, werden die Formfaktoren für eine Szene nur einmal berechnete, wenn sich die Geometrie der Szene nicht ändert. Dies ist von Vorteil, weil die Berechnung der Formfaktoren sehr aufwendig ist ($O\,(n^2)$, wobei n die Anzahl der Flächenstücke angibt).

```
PROGRAM Radiosity;


    PROCEDURE CalculateFormFacs(n : INTEGER);
    BEGIN
      FOR i := 1 TO n DO
        FOR j := 1 TO n DO
          calculate form factor F(i,j);
        END
      END
    END;



    PROCEDURE ShowPicture(camera : camera_type);
    BEGIN
      use z-buffer or scanline algorithm to render
      the scene including interpolation
    END;

BEGIN
    read scene description
    subdivide scene into n patches
    CalculateFormFacs(n);
    REPEAT
      solve the linear equation system
      REPEAT
        ShowPicture(camera)
      UNTIL no more camera description
    UNTIL no more lighting description
END.
```

Abb. 3.8
Pseudoocde für das
Radiosity-Verfahren

3.4 Unterschiede beider Verfahren

An dieser Stelle folgt der Versuch eines Vergleichs der beiden vorgestellten Beleuchtungsalgorithmen. Wie aus Tabelle 3.1 zu ersehen ist, liegt beiden Verfahren eine grundsätzlich unterschiedliche Vorgehensweise zugrunde. Während beim Ray-Tracing die Berechnung der Beleuchtung und die Bildsynthese nicht ohne weiteres zu trennen sind, werden diese beiden Schritte im Radiosity-Verfahren getrennt und hintereinander durchgeführt.

Tabelle 3.1
Unterschiede beider
Verfahren

Ray-Tracing-Verfahren	Radiosity-Verfahren
basieren auf *strahlenoptischen* Grundlagen.	basieren auf *strahlungsphysikalischen* Grundlagen.
berechnen die Beleuchtung *während* der Bildsynthese.	berechnen die Beleuchtung *vor* der Bildsynthese.
berechnen die Beleuchtung *punktweise*.	berechnen die Beleuchtung *flächenweise*.
benutzen Objektmodelle, für die ein Schnittpunkttest und eine Normalenberechnung formuliert werden kann (z.B. algebraische Oberflächen, Polygone, CSG-Modelle, ...).	benutzen als Objektmodell Polygone (meistens Dreiecke oder Rechtecke).
haben einen Aufwand an Rechenzeit, der abhängig von der Anzahl der Objekte der Szene und der Anzahl der Bildpunkte ist.	haben einen Aufwand an Rechenzeit, der quadratisch abhängig von der Anzahl der Flächenstücke ist. (Unter der Voraussetzung, daß ein iteratives Verfahren, wie z.B. das Gauß-Seidel-Verfahren, zur Lösung des Gleichungssystems benutzt wird. Bei direkten Lösungsverfahren (z.B. Matrixinversion) ist der Aufwand kubisch.)
haben einen Verbrauch an Speicherplatz, der abhängig von der Anzahl der Objekte der Szene ist.	haben einen Verbrauch an Speicherplatz, der quadratisch von der Anzahl der Flächenstücke abhängt.
erfordern ein komplettes Neuberechnen des Bildes, wenn der Standort des Beobachters, die Beleuchtungssituation oder die Geometrie der Szene geändert wird.	erfordern nur eine Neudarstellung des Bildes, wenn der Standort des Beobachters verändert wird. Bei geänderter Beleuchtungssituation muß die Beleuchtung nur teilweise neu berechnet werden (erneutes Lösen des Gleichungssystems). Wenn die Geometrie der Szene geändert wird, muß die Berechnung komplett neu durchgeführt werden.

Der Hauptunterschied der beiden Verfahren liegt darin, daß beim Ray-Tracing die Beleuchtung standortabhängig und punktweise berechnet wird, während das Radiosity-Verfahren die Beleuchtung standortunabhängig und auf kleinen Flächenstücken ermittelt. Daraus ergibt sich für das Ray-Tracing eine Auflösung des berechneten Bildes in Höhe der Auflösung des Bildschirms und damit ein Aufwand, der von der Größe des berechneten Bildes abhängt. Zusätzlich hängt der Aufwand von der Anzahl der Objekte und der Anzahl der Lichtquellen in der Szene ab. Beim Radiosity-Verfahren wird die Szene in kleine Flächenstücke aufgelöst, für welche die Beleuchtung berechnet wird. Daraus ergibt sich ein Aufwand, der (quadratisch) von der Anzahl der Flächenstücke abhängt, aber unabhängig von der Größe des berechneten Bildes ist. Da diese Flächenstücke im erzeugten Bild im allgemeinen größer als ein Pixel sind, ist die Auflösung kleiner als die Bildschirmauflösung und damit kleiner als beim Ray-Tracing.

Die standortabhängige Berechnung der Beleuchtung beim Ray-Tracing bedingt, daß für jede Änderung der Betrachtungsparameter das Bild komplett neu berechnet werden muß, wohingegen bei dem Radiosity-Verfahren die standortunabhängige Berechnung einen Wechsel des Betrachtungsstandpunktes ohne erneutes Berechnen der Beleuchtung erlaubt.

Der Speicherplatzbedarf hängt beim Ray-Tracing nur von der Anzahl und Komplexität der Objekte in der Szene ab. Beim Radiosity-Verfahren müssen die Formfaktoren gespeichert werden, woraus sich ein Speicherplatzbedarf ergibt, der quadratisch mit der Anzahl der Flächenstücke wächst.

Kapitel 4

Beleuchtungs-modelle

Nachdem nun die Verfahren aus algorithmischer Sicht bekannt sind, werden die benutzbaren Beleuchtungsmodelle dargestellt. Vorweg wird ein allgemeines Beleuchtungsmodell gezeigt und so umgeformt, daß mit dessen Hilfe die richtungsabhängige Leuchtdichte eines Punktes beschrieben werden kann. Dann werden, nach den Verfahren getrennt, spezielle Beleuchtungsmodelle dargelegt, die nur von den entsprechenden Verfahren benutzt werden können. Es folgt dann ein Vergleich der Fähigkeiten dieser Beleuchtungsmodelle und damit auch indirekt der Verfahren.

4.1 Überblick

Hall gibt in [HALL86], [HALL87] und [HALL89] einen Überblick, nach dem Beleuchtungsmodelle und -algorithmen grob in drei Klassen eingeteilt werden können (siehe Tabelle 4.1). Diese Gliederung entspricht den Phasen der historischen Entwicklung.

In der ersten Phase stand die Lösung der Probleme zur Verdeckungsrechnung im Vordergrund. Die geometrischen Verhältnisse wurden auf die Bildebene projiziert und mit inkrementellen Algorithmen die Schattierungsrechnung durchgeführt. Die bekanntesten Beleuchtungsmodelle dieser Phase sind die empirischen Modelle von Gouraud und Phong. Während der zweiten Phase wurde das Verdeckungsproblem im Objektraum durch Ray-Tracing-Algorithmen automatisch gelöst. Für die Berechnung der Beleuchtung wurden sowohl die bereits entwickelten Modelle, als auch die in dieser Phase neu aufkommenden Transitionsmodelle genutzt. Mit diesen Modellen konnten durch den Gebrauch euklidischer Geometrie des dreidimensionalen Raumes Reflexionen,

Berechnungsgrundlagen	Referenz	Schattierung und Beleuchtung

Perspektivische Geometrie (Bildraum) :
    Scanline-Technik
    Inkrementelle
    Berechnung der
    Beleuchtung
	Bougnight 1970	konstante Einfärbung

	Warnock 1969 Romney 1970	primitive Glanzlichter, Einfluß von Abständen
	Gouraud 1971	Farb-Interpolation
	Newell, et al 1971	Pseudo-Transparenz
	Phong 1975 Duff 1979 Bishop und Weimar 1986	Interpolation der Normalen, feinere Glanzlichter

Euklidische Geometrie (Objektraum) :
    Ray-Tracing,
    empirische und
    theoretische Modelle
	Catmull 1975
	Blinn und Newell 1976
		Texturenabbildung (reflection mapping)

	Blinn 1977	gerichtete Spiegelungen
	Kay und Greenberg 1979	Entfernungsabhängigkeiten und Brechung in transparenten Materialien
	Whitted 1980	rekursive, gerichtete Reflexion und Transmission
	Hall und Greenberg 1983	gestreute Transmission
	Cook, et al 1984 Amanatides 1984	verteilte und flächige Abtastung
	Kajiya 1985	anisotrope Reflexion
	Kajiya 1986	Energieerhaltung in verteilter Strahlverfolgung

Energieerhaltung :
    Radiosity,
    Energieerhaltungs-
    modelle
	Cook und Torrance 1982	spektraler Charakter von Glanzlichtern, Energieformulierung

	Goral, et al 1984	Diffuses Energiegleichgewicht
	Cohen und Greenberg 1986 Nishita und Nakamae 1985 Cohen, et al 1984	Komplexe, diffuse Umgebungen mit Schattenwurf
	Immel und Greenberg 1986	spekulare Glanzlichter in Strahlungsverfahren
	Max 1986 Rushmeier und Torrance 1987 Nishita und Nakamae 1987	atmosphärische Effekte

Refraktionen und Schatten zumindest geometrisch richtig dargestellt werden. Die dritte Phase ist gekennzeichnet durch das Bemühen, globale Beleuchtungseffekte möglichst genau darzustellen. Die Modelle dieser Phase lehnen sich an strahlungsphysikalische Gegebenheiten an und werden als analytische Modelle bezeichnet.

4.2 Beleuchtung

4.2.1 Konzept einer Hemisphäre

Das Konzept einer Beleuchtungs-Hemisphäre wird in vielen Veröffentlichungen benutzt. Hall erläutert dieses Konzept in [HALL86], [HALL87] und [HALL89] näher.

Die Hemisphäre ist die Einheitshalbkugel, die sich über den betrachteten Punkt aufspannt. Nach diesem Konzept ist die Beleuchtung eines Punktes einer Oberfläche abhängig von den Ereignissen, die sich auf dieser Hemisphäre oberhalb (bzw. auch unterhalb bei durchsichtigen Objekten) des Punktes abspielen. Ereignisse sind in diesem Fall Lichtquellen oder reflektierende bzw. lichtdurchlässige Oberflächen, die eine Projektion auf die Hemisphäre haben.

Diese Beleuchtungs-Ereignisse werden auf die Hemisphäre projiziert und nehmen damit einen bestimmten Raumwinkel ein[1] (siehe Abb. 4.1). Die Beleuchtungsstärke des betrachteten Punktes hängt dann von den Einfallswinkeln, den Raumwinkeln und den Leuchtdichten der Beleuchtungs-Ereignisse ab. Durch die Integration über die Hemisphäre ergibt sich die Beleuchtungsstärke zu

$$E = \int_{2\pi} \cos(\alpha) \cdot L_\mathrm{L} \cdot d\omega, \qquad 4.2.1.1$$

wobei α den Einfallswinkel (Winkel zwischen der Normalen im betrachteten Punkt und der Richtung, in der das Beleuchtungs-Ereignis liegt) angibt, und $d\omega$ den Raumwinkel beschreibt, den das Beleuchtungs-Er-

---

[1] Der Raumwinkel einer in der grafischen Datenverarbeitung weit verbreiteten Punktlichtquelle ist in diesem Fall gleich Null mit einer unendlich großen Leuchtdichte. Bei Punktlichtquellen wird dann die Lichtstärke angegeben und die Beleuchtungsstärke in Abhängigkeit des Abstands und des Einfallswinkels berechnet.

eignis einnimmt. Der von der Hemisphäre gebildete Raumwinkel ist 2π.

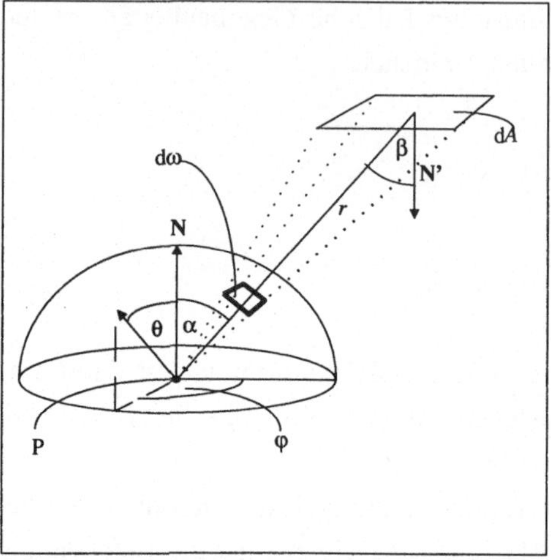

dω kann approximiert werden durch

$$d\omega \approx \frac{\cos(\beta)\cdot dA}{r^2},\qquad\qquad 4.2.1.2$$

wobei β den Winkel zwischen der Normalen des Beleuchtungs-Ereignisses und der Richtung des betrachteten Punktes angibt und r den Abstand dazwischen. dA ist die Fläche des Beleuchtungs-Ereignisses und $\cos(\beta)\cdot$dA steht für die tatsächlich gesehene Fläche (projizierte Fläche).

Wird die nach der Interaktion mit der Oberfläche entstandene Leuchtdichte in Verhältnis zur Beleuchtungsstärke gesetzt, so ergibt sich die bidirektionale Reflexion (im engl. bidirectional reflectance)

$$R_b = \frac{E}{L},\qquad\qquad 4.2.1.3$$

die die Einheit $\frac{1}{sr}$ hat. R_b ist eine Funktion von Einfalls- und Ausfallsrichtung. Die in eine bestimmte Richtung gehende Leuchtdichte in P ergibt sich zu (siehe auch [COOK81]):

$$L_P(\theta,\varphi) = \int_{2\pi} R_b\cdot(\mathbf{N}\cdot\mathbf{L})\cdot L_\mathbf{L}\cdot d\omega.\qquad\qquad 4.2.1.4$$

4.2.2 Ein allgemeines Beleuchtungsmodell

Kajiya gibt in [KAJI86] eine Gleichung an, die als "rendering equation"
bekannt geworden ist. Diese beschreibt die Modellierung der Lichtausbreitung in einer Szene sehr schön als rekursive Gleichung.

$$I(x,x') = g(x,x')\left(\varepsilon(x,x') + \int_S p(x,x',x'')\cdot I(x',x'')\mathrm{d}x''\right) \qquad 4.2.2.1$$

x, x', und x'' sind Punkte (bzw. infinitesimal kleine Flächenstücke) der
Szene und $S = \bigcup_i S_i$ ist die Vereinigung aller Flächen der Szene. Die
anderen Terme werden nachfolgend erläutert[2].

$g(x,x')$ ist ein geometrischer Verdeckungsfaktor, der Null ist, wenn
x von x' aus nicht sichtbar ist, oder den Wert $1/r^2$ annimmt, wobei r den
Abstand zwischen x und x' angibt.

$\varepsilon(x,x')$ ist ein Emissionsterm, der von Kajiya "unoccluded two point
transport emittance" genannt wird und die Einheit $\mathrm{Joule}/\mathrm{m}^2\cdot\mathrm{s}$ hat, dabei
gilt 1Joule = 1W·s. Dieser Term gibt das von Punkt x' abgestrahlte und
von x empfangene Licht an.

$p(x,x',x'')$ ist ein Interreflexionsterm, der von Kajiya "scattering
term" genannt wird. Dieser Term beschreibt, wieviel Licht von x''
kommend nach der "Streuung" an x' x erreicht.

$I(x,x')$ gibt die "Intensität" des Lichts an, das von x nach x' übertragen wird. Kajiya nennt diesen Term "unoccluded two point transport
intensity" und gibt ihm die Einheit $\mathrm{Joule}/\mathrm{m}^4\cdot\mathrm{s}$.

Die Energie, die vom Punkt x' nach x übertragen wird, ergibt sich
als

$$\mathrm{d}E(x,x') = I(x,x')\cdot\mathrm{d}t\cdot\mathrm{d}x\cdot\mathrm{d}x'. \qquad 4.2.2.2$$

Dieses Energiedifferential setzt sich aus folgenden Teilen zusammen:

- Der Anteil, der von dem Punkt x' emittiert wird und von Punkt x empfangen
  wird:

$$\mathrm{d}E_{emit}(x,x') = 1/r^2\cdot\varepsilon(x,x')\cdot\mathrm{d}t\cdot\mathrm{d}x\cdot\mathrm{d}x'. \qquad 4.2.2.3$$

---

[2] An dieser Stelle verwenden wir die Bezeichner aus dem Orginalartikel [KAJI86].
I ist dabei nicht mit der Lichtstärke und E nicht mit der Beleuchtungsstärke zu
verwechseln.

- Die Energie, die von x'' kommend an x' gestreut wird und x erreicht:

$$dE_{refl}(x,x',x'') = \frac{1}{r^2} \cdot p(x,x',x'') \cdot I(x',x'') \cdot dt \cdot dx \cdot dx' \cdot dx''. \quad 4.2.2.4$$

Die gesamte an Punkt x' gestreute Energie der Szene, die den Punkt x erreicht, ergibt sich zu:

$$dE_{refl}(x,x') = \frac{1}{r^2} \cdot \int_S \left(p(x,x',x'') \cdot I(x',x'') \cdot dt \cdot dx \cdot dx' \right) \cdot dx''. \quad 4.2.2.5$$

Aus den Energieanteilen, die von Punkt x' nach Punkt x übertragen werden, läßt sich die Leuchtdichte in Punkt x' in Betrachtungsrichtung (in Richtung x) bestimmen. Das übertragene Energiedifferential ist

$$dE(x,x') = L_{x'}(\theta',\varphi') \cdot dt \cdot dx'_p \cdot d\omega . \quad 4.2.2.6$$

In dieser Gleichung gibt $dx'_p = cos(\theta') \cdot dx'$ die projizierte Fläche von x' und $d\omega = cos(\theta) \cdot dx/r^2$ den Raumwinkel, in den abgestrahlt wird, an. $L_{x'}(\theta',\varphi')$ ist die Leuchtdichte in x' in Richtung (θ',φ'). Durch Gleichsetzen von 4.2.2.2 mit 4.2.2.6 ergibt sich

$$I(x,x') = L_{x'}(\theta',\varphi') \cdot \frac{cos(\theta) \cdot cos(\theta')}{r^2} . \quad 4.2.2.7$$

Eine analoge Betrachtung mit dem Term $\varepsilon(x,x')$ ergibt

$$\varepsilon(x,x') = L_{Ex'}(\theta',\varphi') \cdot cos(\theta) \cdot cos(\theta') . \quad 4.2.2.8$$

Werden 4.2.2.7 und 4.2.2.8 in die "rendering equation" 4.2.2.1 eingesetzt, so ergibt sich folgende Gleichung:

$$L_{x'}(\theta',\varphi') \cdot \frac{cos(\theta) \cdot cos(\theta')}{r^2} = \frac{1}{r^2} \cdot L_{Ex'}(\theta',\varphi') \cdot cos(\theta) \cdot cos(\theta') +$$

$$\frac{1}{r^2} \cdot \int_S p(x,x',x'') \cdot L_{x''}(\theta'',\varphi'') \cdot \frac{cos(\psi') \cdot cos(\theta'')}{r'^2} \cdot dx''.$$

Durch Auflösen nach $L_{x'}(\theta',\varphi')$ ergibt sich

$$L_{x'}(\theta',\varphi') = L_{Ex'}(\theta',\varphi') + \int_{2\pi} \frac{p(x,x',x'')}{cos(\theta) \cdot cos(\theta')} \cdot L_{x''}(\theta'',\varphi'') \cdot cos(\psi') \cdot d\omega' .$$

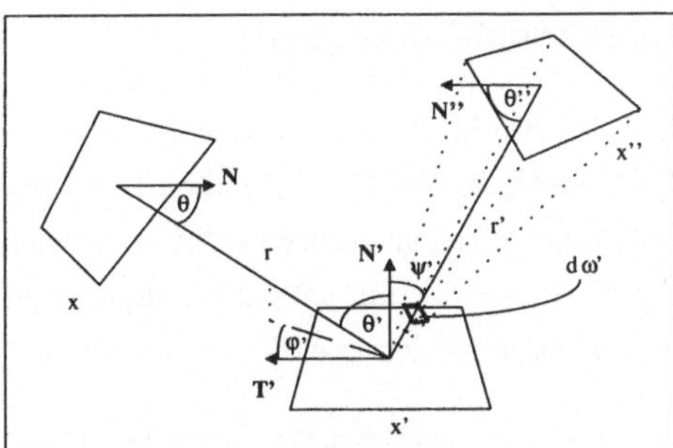

Abb. 4.2
Geometrie für die
Leuchtdichte-Gleichung

Der Term $\dfrac{p(x,x',x'')}{\cos(\theta)\cdot\cos(\theta')}$ entspricht der bidirektionalen Reflexion R_b
(siehe auch [KAJI86], Gleichung 13), und es ergibt sich eine Gleichung,
die wir *Leuchtdichte-Gleichung* nennen:

$$L_{x'}(\theta',\varphi') = L_{E_{x'}}(\theta',\varphi') + \int_{2\pi} R_b \cdot L_{x''}(\theta'',\varphi'') \cdot \cos(\psi') \cdot d\omega' \qquad 4.2.2.9 \; .$$

Diese Gleichung ist eine rekursive Formulierung dessen, was im vorigen
Abschnitt dargestellt wurde (siehe Gleichung 4.2.1.4). Abb. 4.2 stellt die
Geometrie dieser Betrachtungen dar.

4.3 Lichtquellenmodelle

Eine Aufstellung der gängigsten Lichtquellenmodelle und deren Parameter gibt Claussen in [CLAU91], S. 15-20.

Ambientes Licht

Ambientes Licht beschreibt eine Art "Hintergrundlicht", das gleichmäßig in der Szene verteilt ist und das sich in keine spezielle Richtung
ausbreitet. In der Physik ist diese Art von Licht unbekannt; es wird
jedoch, besonders von Ray-Tracing-Verfahren, benötigt, um die Bildqualität für nicht direkt beleuchtete Teile der Szene zu verbessern. Das
ambiente Licht einer Szene ist eine grobe Abschätzung der Beleuchtung
über Interreflexionen.

Parameter des ambienten Lichts:

$E_a(\lambda)$ Beleuchtungsstärke des ambienten Lichts in Abhängigkeit der
Wellenlänge λ

Direktionale Lichtquelle

Bei der direktionalen Lichtquelle wird davon ausgegangen, daß eine Lichtquelle in der Unendlichkeit liegt. Die Lichtstrahlen dieser Lichtquelle kommen aus einer bestimmten Richtung und fallen parallel ein. Die Lichtstärke einer solche Lichtquelle ist konstant.

Parameter der direktionalen Lichtquelle:

L_d — Richtung, in der sich die Lichtstrahlen der Lichtquelle ausbreiten

$I_{Lq}(\lambda)$ — wellenlängenabhängige Lichtstärke der Lichtquelle

Isotrope Punktlichtquelle

Weit verbreitet ist das Modell der isotropen Punktlichtquelle. Bei diesem Modell wird davon ausgegangen, daß die Lichtstrahlen von einem definierten Punkt im dreidimensionalen Raum in alle Richtungen gleichmäßig stark abgestrahlt werden, d.h. die Lichtstärke ist konstant und in alle Richtungen gleich groß.

Parameter der isotropen Punktlichtquelle:

P_{Lq} — Position der Lichtquelle im $\mathbf{R}^3$

$I_{Lq}(\lambda)$ — wellenlängenabhängige Lichtstärke der Lichtquelle

Strahler

Warn führte in [WARN83] zur Verbesserung dieses Modells sogenannte Strahler (im engl. spot lights) ein, wobei ihm als Idee die Leuchten diente, die in Ateliers von Fotografen benutzt werden. Strahler sind ebenfalls Punktlichtquellen, die aber nicht gleichmäßig in alle Richtungen Licht abstrahlen. Zusätzlich kann der Bereich, in den Licht abgestrahlt wird, durch einen Kegel begrenzt werden, dessen Achse auf der Hauptstrahlrichtung und dessen Spitze in der Position der Lichtquelle liegt.

Die Parameter des Strahlers:

P_{Lq} — Position des Strahlers im $\mathbf{R}^3$

L_s — Hauptstrahlrichtung des Strahlers

$I_{Lq}(\lambda)$ — wellenlängenabhängige Lichtstärke des Strahlers (in Hauptstrahlrichtung)

c_s Konzentrationsexponent

α Öffnungswinkel des begrenzenden Kegels

Die Lichtstärke in Richtung δ läßt sich dann nach

$$I_{Lq}(\lambda,\delta) = \begin{cases} \cos^{c_s}(\delta) \cdot I_{Lq}(\lambda) & \text{wenn } \alpha > \delta \\ 0 & \text{sonst} \end{cases} \qquad 4.3.0.1$$

berechnen, wobei δ den Winkel zwischen der Hauptstrahlrichtung $\mathbf{L}_s$ und der Richtung $-\mathbf{L}$, in der der zu beleuchtende Punkt liegt, bezeichnet.

Verbeck und Greenberg verallgemeinern in [VER84] das Modell von Warn, indem sie Punktlichtquellen mit goniometrischen Diagrammen versehen. Diese Diagramme geben die Lichtstärke pro Richtung an, so daß die größte Lichtstärke nicht unbedingt in Hauptstrahlrichtung vorliegen muß. Die Werte für die Strahlstärke in bestimmte Richtungen können z.B. für verschiedenen Winkel δ in Tabellen abgelegt werden, so daß eine Lichtstärke in eine bestimmte Richtung $-\mathbf{L}$ durch Interpolation zweier Werte dieser Tabelle errechnet werden kann.

Homogene, flächige Lichtquellen

Als letztes sei die flächige, Lambertsche Lichtquelle dargestellt. Diese Lichtquelle strahlt Licht nach dem Kosinusgesetz von Lambert aus (also diffus), wobei davon ausgegangen wird, daß die Leuchtdichte über die Fläche konstant ist. Die Leuchtdichte einer solchen Lichtquelle ist unabhängig von der Betrachtungsrichtung, während die Lichtstärke von der Abstrahlrichtung abhängig ist.

Parameter der flächigen, Lambertschen Lichtquelle:

A_{Lq} Fläche der Lichtquelle

N_{Lq} Flächennormale der Lichtquelle (es sei eine ebene Fläche vorausgesetzt)

$L_{Lq}(\lambda)$ wellenlängenabhängige Leuchtdichte der Lichtquelle

Die Lichtstärke I_{Lq} ergibt sich nach Formel 2.4.2.5 aus der Leuchtdichte L_{Lq} zu

$$I_{Lq}(\lambda,\delta) = L_{Lq}(\lambda) \cdot A_{Lq} \cdot \cos(\delta) \, ,$$

wobei δ den Winkel zwischen $\mathbf{N}_{Lq}$ und der Richtung $-\mathbf{L}$ angibt.

Die zuerst genannten Lichtquellenmodelle werden vorwiegend von Ray-Tracing-Verfahren benutzt, während die flächige, Lambertsche Lichtquelle das Lichtquellenmodell für das Radiosity-Verfahren darstellt. Abb. 4.3 zeigt noch einmal die verschiedenen Lichtquellenmodelle.

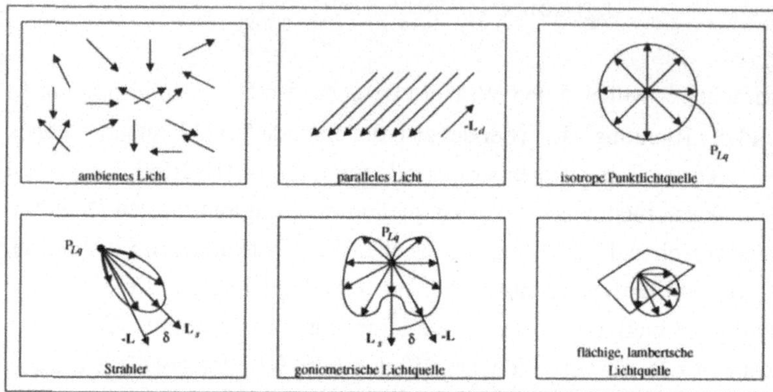

Abb.4.3
Lichtquellenmodelle

4.4 Beleuchtungsmodelle für das Ray-Tracing

Nachdem der Punkt einer Oberfläche bestimmt wurde, für den die richtungsabhängige Leuchtdichte ausgerechnet werden soll, müssen evtl. noch einige Richtungsvektoren bestimmt werden, um das eine oder andere Beleuchtungsmodell anwenden zu können. Abb. 4.4 zeigt, welche Vektoren und Winkel in den folgenden Modellen verwendet werden. Allgemein haben die angewendeten Beleuchtungsmodelle für das Ray-Tracing die Form

$$L_{gesamt}(\lambda) = L_{lokal}(\lambda) + L_{global}(\lambda) , \qquad 4.4.0.1$$

wobei $L_{gesamt}(\lambda)$ der spektralen Leuchtdichte entspricht, die nach Wechselwirkung mit der Oberfläche in Betrachtungsrichtung abgestrahlt wird.[3] Da die Leuchtdichte wellenlängenabhängig ist, muß sie für jede Wellenlänge separat berechnet werden. $L_{lokal}(\lambda)$ gibt dabei den Anteil an, der aus der direkten Beleuchtung von Lichtquellen stammt, während $L_{global}(\lambda)$ dem Anteil entspricht, der von anderen reflektierenden und durchsichtigen Objekten der Szene stammt. Dies ist eigentlich eine

---

[3] Normalerweise wird in der Literatur für diese Größe der Buchstabe *I* (für "intensity") genommen. Hall beschreibt in [HALL89], S. 18 dieses *I* als Leuchtdichte. Nach einem Vorschlag der CIE soll für die Leuchtdichte der Bezeichner *L* benutzt werden (siehe z.B. [WYS67], S. 1), was im folgenden auch geschieht.

Bezeichner	Bedeutung
P	der zu beleuchtende Punkt
A	Richtung der Leuchtdichte (Auge)
H	Vektor auf Hälfte zwischen **A** und **L**
L	Vektor in Richtung Lichtquelle
N	die Oberflächen-Normale in P
R	Vektor in reflektierter Richtung von **A**
T	Vektor in transmittierter Richtung von **A**

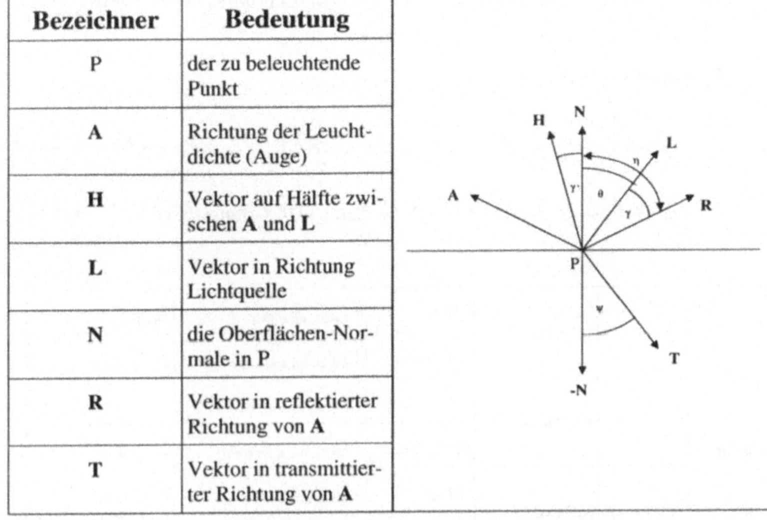

Abb. 4.4
Richtungsvektoren

Tabelle 4.2
Erläuterungen der
Bezeichner

künstliche Trennung, da alle Beleuchtungsereignisse der Hemisphäre zur Beleuchtung beitragen, und das Verhalten des einfallenden Lichts nicht von seiner Quelle (Lichtquelle oder reflektierendes Objekt) abhängt. Da aber die diskrete Abtastung der Hemisphäre viel zu aufwendig und fehleranfällig (Punktlichtquellen könnten "übersehen" werden) wäre, werden eben nur bestimmte Richtungen betrachtet, nämlich die, in denen die Lichtquellen liegen und diejenigen der gerichteten Reflexion und Refraktion. Damit wird diese künstlich scheinende Trennung wieder sinnvoll.

Die globale und die lokale Beleuchtung kann jeweils sowohl in reflektiertes und gebrochenes, als auch diffus und spekular (ideal) transportiertes Licht gesplittet werden (siehe Kapitel 2.2), so daß sich folgende acht Terme ergeben, die die Leuchtdichte bestimmen:

$$L_{lokal}(\lambda) = L_{lokal,refl,diffus}(\lambda) + L_{lokal,refl,spekular}(\lambda) + \\ L_{lokal,trans,diffus}(\lambda) + L_{lokal,trans,spekular}(\lambda) \qquad 4.4.0.2$$

$$L_{global}(\lambda) = L_{global,refl,diffus}(\lambda) + L_{global,refl,spekular}(\lambda) + \\ L_{global,trans,diffus}(\lambda) + L_{global,trans,spekular}(\lambda) \qquad 4.4.0.3$$

Tabelle 4.3 faßt die Aufteilung der Gesamtleuchtdichte in die acht Terme noch einmal zusammen. In der rechten Spalte sind die Bezeichner aufgeführt, die im folgenden benutzt werden, da sie in dieser oder ähnlicher Form in der Literatur vorkommen.

Für die Terme $L_{lokal,trans,diffus}$ und $L_{global,trans,diffus}$ sind bisher noch keine Modellierungen vorgenommen worden.

Es ergeben sich

$$L_{lokal}(\lambda) = L_{diffus}(\lambda) + L_{r\text{-}spekular}(\lambda) + L_{t\text{-}spekular}(\lambda) \qquad 4.4.0.4$$

$$L_{global}(\lambda) = L_{ambient}(\lambda) + L_{reflekt}(\lambda) + L_{transmiss}(\lambda) \; . \qquad 4.4.0.5$$

*Tabelle 4.3
Komponenten der Be-
leuchtungsmodelle*

gesamt					
gesamt	lokal	reflektiv	diffus	$L_{lokal,refl,diffus}$	L_{diffus}
			spekular	$L_{lokal,refl,spekular}$	$L_{r\text{-}spekular}$
		refraktiv	diffus	$L_{lokal,trans,diffus}$	
			spekular	$L_{lokal,trans,spekular}$	$L_{t\text{-}spekular}$
	global	reflektiv	diffus	$L_{global,refl,diffus}$	$L_{ambient}$
			spekular	$L_{global,refl,spekular}$	$L_{reflekt}$
		refraktiv	diffus	$L_{global,trans,diffus}$	
			spekular	$L_{global,trans,spekular}$	$L_{transmiss}$

4.4.1 Diffus reflektiertes Licht

Die diffuse Reflexion wird in allen Veröffentlichungen mit Hilfe des Lambert'schen Kosinusgesetzes modelliert.

$$L_{diffus}(\lambda) = \begin{cases} k_d(\lambda) \cdot \cos(\theta) \cdot I_{Lq}(\lambda) & , -90° \leq \theta \leq 90° \\ 0 & , sonst \end{cases} , \qquad 4.4.1.1$$

wobei θ dem Winkel zwischen **N** und **L** entspricht. $I_{Lq}(\lambda)$ ist die spektrale Lichtstärke der Lichtquelle, $k_d(\lambda)$ ist der diffuse Reflexionskoeffizient. Falls der Winkel θ kleiner -90° oder größer 90° ist, so ist die Fläche von der Lichtquelle abgewandt, und sie wird nicht beleuchtet. $I_{Lq}(\lambda)$ ist Null, wenn ein anderes Objekt zwischen der Lichtquelle und dem Punkt P liegt. Abb. 4.5 zeigt, daß die erzeugte Leuchtdichte am Punkt P unabhängig von der Betrachtungsrichtung ist.
Wenn die Vektoren **N** und **L** normiert sind, so ist $\cos(\theta) = $ **N·L**.

Um den Term L_{diffus} physikalisch richtig zu modellieren, muß der Abstand zwischen Lichtquelle und dem Punkt P berücksichtigt werden. Die erzeugte Leuchtdichte ist umgekehrt proportional zum Quadrat dieses Abstandes, so daß noch der Faktor $1/r^2$ berücksichtigt werden muß, wobei r den Abstand zwischen der Lichtquelle und P angibt. Da dies zu einer hohen Helligkeitsdynamik führt, wird meist ein anderer Term als Multiplikator verwendet, damit ästhetisch befriedigende Bilder entstehen:

$$f(r) = \frac{1}{c_0 r^2 + c_1 r + c_2}, \qquad 4.4.1.2$$

wobei c_0, c_1 und c_2 benutzerdefinierte Konstanten sind (siehe auch [FOL90], S. 726).

Falls eine direktionale Lichtquelle benutzt wird, kann kein Abstand berechnet werden, da die Position der Lichtquelle im Unendlichen liegt. In diesem Fall sollte $f(r) \equiv 1$ sein.

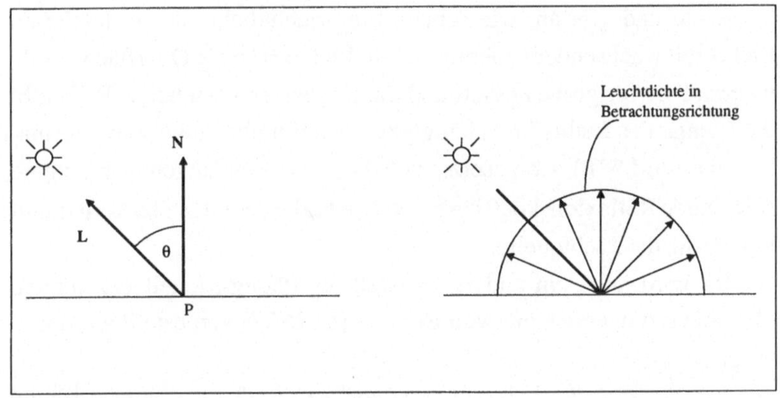

Abb. 4.5
Diffus reflektiertes Licht

Damit ergibt sich

$$L_{diffus}(\lambda) = \begin{cases} f(r) \cdot k_d(\lambda) \cdot (\mathbf{N} \cdot \mathbf{L}) \cdot I_{Lq}(\lambda) & , -90° \leq \theta \leq 90° \\ 0 & , sonst \end{cases} \qquad 4.4.1.3$$

Hall beschreibt den diffusen Reflexionskoeffizienten als $k_d \cdot R_d(\lambda)$, wobei $R_d(\lambda)$ die wellenlängenabhängige Reflexion des Materials bei senkrechtem Lichteinfall angibt. Die Daten für die materialabhängige Reflexion bei senkrechtem Lichteinfall kann aus Werken wie [WYS67] entnommen werden.

4.4.2 Gerichtet reflektiertes Licht

Das erste Modell für gerichtet reflektiertes Licht wird von Phong in [PHO75] vorgeschlagen. Es handelt sich um ein empirisches Modell, das keine physikalische Grundlage hat, aber dennoch erstaunliche Resultate liefert und einfach zu berechnen ist. Dieser Term ist für die sogenannten "Highlights" (oder besser: Glanzlichter), die durch die Reflexion von Lichtquellen entstehen, verantwortlich.

$$L_{r-spekular}(\lambda) \;=\; W(\theta)\cdot\cos^{m}(\gamma)\cdot I_{Lq}(\lambda) \qquad\qquad 4.4.2.1$$

Der Winkel γ liegt zwischen den Vektoren **R** und **L**. Falls der Fall **R** = **L** eintritt, ist $\cos(\gamma) = 1$ und das gesamte einfallende Licht wird in Richtung des Auges reflektiert. Mit zunehmenden γ wird immer weniger Licht in Richtung Auge reflektiert (siehe Abb. 4.6). m ist eine Materialkonstante und gibt an, wie schnell die Leuchtdichte des reflektierten Lichts mit wachsendem γ abnimmt. Für kleine m ist die Oberfläche rauh, während sie für große m glatt und damit glänzend erscheint. $W(\theta)$ gibt die Menge des Lichts in Abhängigkeit des Einfallswinkels an. Normalerweise wird $W(\theta) = k_s$ gesetzt, wobei k_s der wellenlängenunabhängige spiegelnde Reflexionskoeffizient ist. Die Farbe des Glanzlichts ist damit immer die der Lichtquelle.

Häufig wird auch ein anderes Modell als Phong-Modell bezeichnet, obwohl es zum ersten mal von Blinn in [BLIN77] vorgestellt wurde.

$$L_{r-spekular}(\lambda) = k_s\cdot\cos^{m}(\gamma')\cdot I_{Lq}(\lambda) \;, \qquad\qquad 4.4.2.2$$

wobei $\cos(\gamma') = (\mathbf{N}\cdot\mathbf{H})$. Der Vektor **H** liegt genau zwischen den Vektoren **L** und **A** (siehe Abb. 4.4), so daß er sehr nahe bei **N** liegt, wenn der Winkel zwischen **N** und **L** und der Winkel zwischen **N** und **A** fast gleich sind. **H** gibt also an, wie die Normale in P liegen müßte, damit sämtliches einfallendes Licht aus Richtung **L** in Richtung **A** reflektiert wird. **H** berechnet sich nach

$$\mathbf{H} = \frac{\mathbf{L+A}}{|\,\mathbf{L+A}\,|}\,. \qquad\qquad 4.4.2.3$$

Ein weiteres Modell, das aus der Arbeit von Physikern abgeleitet ist, wurde ebenfalls von Blinn vorgeschlagen (siehe [BLIN77]). Dieses Modell betrachtet die Oberflächenstruktur des Objektes, als sei sie aus vielen kleinen Mikrofacetten zusammengesetzt. Je nachdem, wie rauh

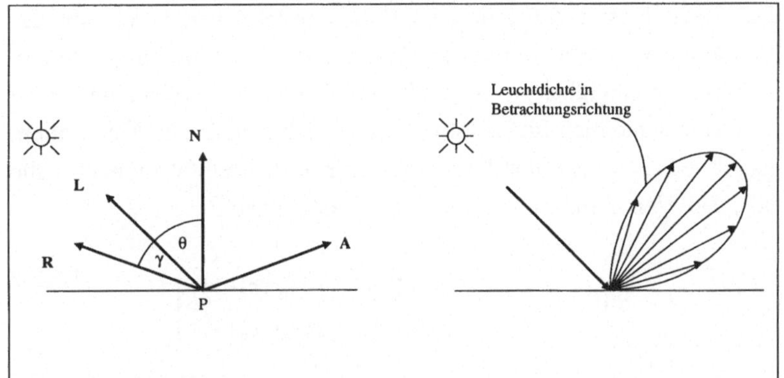

Abb. 4.6
Gerichtet reflektiertes
Licht

eine Oberfläche ist, sind diese Facetten mehr oder weniger geneigt. Die Leuchtdichte in Betrachtungsrichtung ergibt sich zu

$$L_{r-spekular}(\lambda) \;=\; k_s \cdot \frac{D \cdot G \cdot F(\theta,\lambda)}{(\mathbf{N} \cdot \mathbf{A})} \;, \qquad\qquad 4.4.2.4$$

wobei k_s wieder den wellenlängenunabhängigen, spiegelnden Reflexionskoeffizienten bezeichnet. D stellt eine Verteilungsfunktion, G einen Geometrie-Term und F die Fresnelsche Reflexion dar. Diese drei Terme werden im folgenden genauer beschrieben.
Die Verteilungsfunktion der Mikrofacetten D gibt an, wieviel Prozent der Normalen von den Mikrofacetten derart ausgerichtet sind, so daß $\mathbf{N}_\mu = \mathbf{H}$ gilt, wobei $\mathbf{N}_\mu$ die Normale der Mikrofacette ist. Diese Verteilung ist abhängig, von der Rauheit der Oberfläche und dem Einfallswinkel des Lichts. Blinn schlägt unter anderem folgende Funktion vor:

$$D \;=\; \left(\frac{c^2}{\cos^2(\gamma') \cdot (c^2-1)+1} \right)^2 , \qquad\qquad 4.4.2.5$$

dabei gibt c den Grad der Rauhheit an ($c = 0$ bedeutet glatt, $c = 1$ bedeutet rauh). γ' bezeichnet wieder den Winkel zwischen $\mathbf{N}$ und $\mathbf{H}$. Diese Gleichung entstammt der Arbeit von zwei Physikern, nämlich Trowbridge und Reitz.
Der Term G beschreibt, wieviel Licht bei der Reflexion blockiert wird. Abb. 4.7 zeigt, daß es zwei Formen der Blockierung gibt. Ohne Herleitung (siehe dazu [BLIN77]) ist

$$G \;=\; \min\left\{ 1,\; \frac{2 \cdot (\mathbf{N} \cdot \mathbf{H}) \cdot (\mathbf{N} \cdot \mathbf{A})}{(\mathbf{A} \cdot \mathbf{H})},\; \frac{2 \cdot (\mathbf{N} \cdot \mathbf{H}) \cdot (\mathbf{N} \cdot \mathbf{L})}{(\mathbf{A} \cdot \mathbf{H})} \right\} . \qquad 4.4.2.6$$

49

Der Term F ist der Fresnelsche Reflexionsterm und beschreibt das Verhältnis von reflektiertem zu absorbiertem bzw. durchgelassenem Licht in Abhängigkeit des Einfallswinkels und der Wellenlänge. F ist sehr unterschiedlich für metallische und nichtmetallische Materialien. Es gilt jedoch immer, daß F für einen sehr flachen Einfallswinkel (nahe 90°) den Wert 1 annimmt. Blinn gibt an, daß F nach

$$F(\theta,\lambda) = F = \frac{(g-c)^2}{(g+c)^2} \cdot \left(1 + \frac{(c \cdot (g+c)-1)^2}{(c \cdot (g-c)+1)^2} \right), \qquad 4.4.2.7$$

berechnet werden kann, wobei $c = (\mathbf{A} \cdot \mathbf{H})$, $g = \sqrt{n^2 + c^2 - 1}$ und n der (wellenlängenabhängige) Brechungsindex des Materials ist. Cook und Torrance beschreiben in [COOK81] eine Möglichkeit, wie F interpolativ gefunden werden kann, wenn die Reflexionskurve des Materials bei senkrechtem Lichteinfall bekannt ist. Hall greift die Idee der Interpolation auf und unterscheidet zwischen den beiden Materialtypen metallisch und nicht-metallisch. Seine Approximationsmethode ist in [HALL89] dargestellt (siehe auch Anhang II).

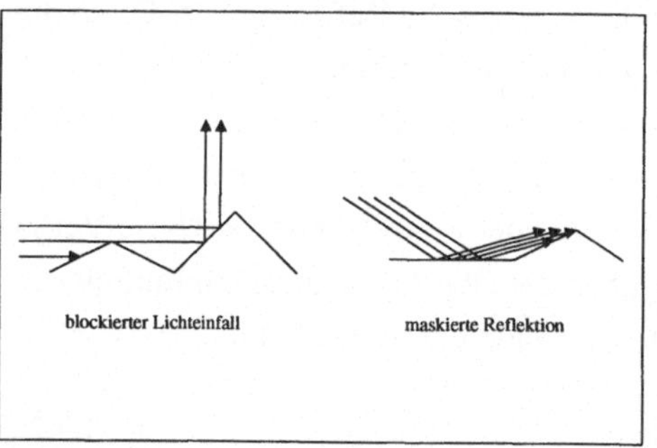

Abb. 4.7
Reflexion an
Mikrofacetten

Hall benutzt das (Blinnsche) Phong-Modell, dabei ersetzt er k_s durch $k_s \cdot R_f(\theta,\lambda)$ und erhält damit

$$L_{r-spekular}(\lambda) = k_s \cdot R_f(\theta,\lambda) \cdot (\mathbf{N} \cdot \mathbf{H})^m \cdot I_{Lq}(\lambda), \qquad 4.4.2.8$$

wobei $R_f(\theta,\lambda)$ der Fresnelsche Reflexionsterm ist.

Die vorgestellten Terme der gerichteten Reflexion müssen ebenfalls mit der Abstandsfunktion $f(r)$ multipliziert werden.

4.4.3 Gerichtet gebrochenes Licht

Einen Term zur Beschreibung gerichtet gebrochenen Lichts wurde erstmals von Hall et al. in [HALL83] dargestellt. Es handelt sich um eine empirische Modellierung, die aus der Modellierung von $L_{r-spekular}$ abgeleitet ist.

$$L_{t-spekular}(\lambda) = k_s \cdot T_f(\theta,\lambda) \cdot (\mathbf{N} \cdot \mathbf{H'})^m \cdot I_{Lq}(\lambda) \qquad 4.4.3.1$$

wobei k_s der spiegelnde Reflexionskoeffizient ist. Die Fresnelsche Transmission $T_f(\theta,\lambda)$ berechnet sich aus der Fresnelschen Reflexion zu

$$T_f(\theta,\lambda) = 1 - R_f(\theta,\lambda) \, . \qquad 4.4.3.2$$

Der Richtungsvektor $\mathbf{H'}$ wird analog zum Vektor $\mathbf{H}$ gesehen; er besagt, wie die Normale in P liegen müßte, damit ein Strahl von der Lichtquelle kommend in die Betrachtungsrichtung gebrochen wird. Dieser Term kann nur an der Grenze eines transparenten Mediums angewendet werden, wenn der Strahl vom Inneren des Objektes kommt .

Auch dieser Term muß mit der Abstandsfunktion $f(r)$ multipliziert werden.

4.4.4 Ambientes Licht

Das ambiente Licht ist eine Zusammenfassung aller indirekten Beleuchtungen der Szene. Damit ist dieser Term eine empirische Abschätzung der Beleuchtungsstärke aller diffus reflektierenden und transmittierenden Objekte der Szene für alle Punkte dieser Szene.

Es wird davon ausgegangen, daß ambientes Licht überall in der Szene gleichmäßig verteilt ist und aus allen Richtungen gleichmäßig auftrifft und in alle Richtungen gleichmäßig reflektiert wird bzw. in Objekte eindringt. Damit ist das ambiente Licht richtungsunabhängig. Der ambiente Term ergibt sich zu

$$L_{ambient}(\lambda) = k_a(\lambda) \cdot E_a(\lambda), \qquad 4.4.4.1$$

wobei $E_a(\lambda)$ die Beleuchtungsstärke des ambienten Lichts in Abhängigkeit von der Wellenlänge darstellt und $k_a(\lambda)$ der wellenlängenabhängige ambiente Reflexionskoeffizient ist.

4.4.5 Globale Reflexion

Die gerichtete globale Reflexion wurde von Whitted in [WHIT80] eingeführt. In diesem Fall wird das Ray-Tracing rekursiv eingesetzt. Vom Punkt P wird ein Strahl in Richtung **R** verfolgt und die Leuchtdichte für den gefundenen Schnittpunkt P' in Richtung P berechnet (siehe Abb. 4.8).

$$L_{reflekt}(\lambda) \; = \; k_s \cdot L_r(\lambda) \, , \qquad\qquad 4.4.5.1$$

hierbei gibt k_s den Anteil des Lichts an, der aus der Richtung **R** kommend in Richtung **A** transportiert wird. Wie bei dem Phongschen Modell wird dieser Koeffizient konstant gehalten; Whitted betont aber, daß er eine Funktion des Einfallswinkels ist.

Hall versieht in [HALL83] diesen Term mit der Fresnelschen Reflexion und einem Abschwächungsfaktor:

$$L_{reflekt}(\lambda) \; = \; k_s \cdot R_f(\eta,\lambda) \cdot L_r(\lambda) \cdot F_r(\lambda)^{dr}, \qquad\qquad 4.4.5.2$$

wobei k_s der Reflexionskoeffizient und $R_f(\eta,\lambda)$ der Fresnelsche Reflexionsterm des Materials ist. η gibt den Winkel zwischen der Normalen **N** und dem Vektor in reflektierter Richtung **R** an. F_r steht für die Absorption pro Längeneinheit im Medium an, und dr ist die Länge des Weges, den der Strahl in diesem Medium zurücklegt (siehe Abb. 4.8).

4.4.6 Globale Refraktion

Analog zum Term für die globale gerichtete Reflexion existiert ein Term, der den Anteil des Lichts aus der Richtung des gebrochenen Strahls beschreibt. Es war wieder Whitted, der diesen Term einführte:

$$L_{trans}(\lambda) \; = \; k_t \cdot L_t(\lambda), \qquad\qquad 4.4.6.1$$

k_t bezeichnet den Anteil des Lichts, das aus der Richtung von **T** kommt und in Richtung **A** gebrochen wird (Transmissionskoeffizient).
Auch dieser Term wurde von Hall verbessert:

$$L_{trans}(\lambda) \; = \; k_s \cdot T_f(\psi,\lambda) \cdot L_t(\lambda) \cdot F_t(\lambda)^{dt} \, , \qquad\qquad 4.4.6.2$$

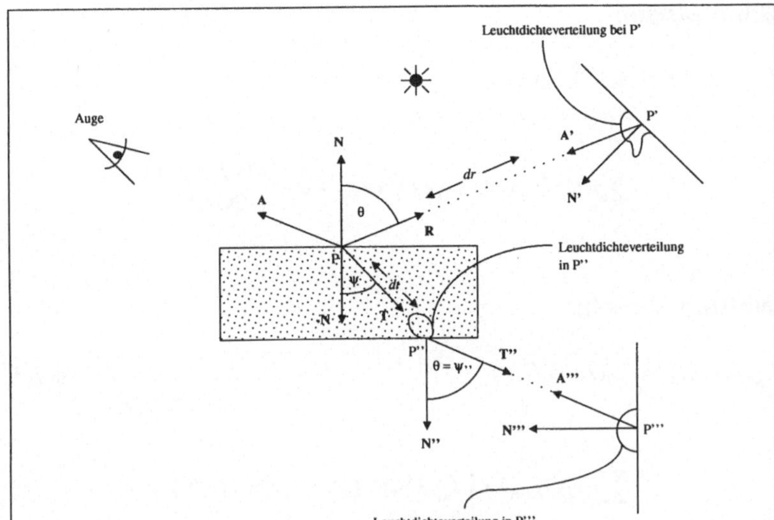

Abb. 4.8
Rekursives Ray-Tracing

wobei k_s wieder der spiegelnde Reflexionskoeffizient und $T_f(\psi,\lambda)$ die Fresnelsche Transmission beschreibt. ψ ist der Winkel zwischen $-\mathbf{N}$ und dem gebrochenen Strahl $\mathbf{T}$, wenn der Strahl in ein Objekt eindringt und der Winkel zwischen $\mathbf{N}$ und $\mathbf{T}$, wenn der Strahl das Objekt verläßt (siehe Abb. 4.8). F_t gibt die Abschwächung des Lichts pro Längeneinheit im Medium und dt den im Medium zurückgelegten Weg an.

4.4.7 Zusammenfassung

Zusammenfassend seien hier die kompletten Gleichungen der vorgestellten Modelle von Phong, Blinn, Whitted und Hall noch einmal aufgeführt, wobei n Lichtquellen berücksichtigt werden. Die Abstandsfunktion $f(r)$ wird in der Literatur meistens weggelassen oder den Lichtquellenmodellen zugeschlagen.

Phong-Modell:

$$L_{gesamt}(\lambda) = k_a(\lambda){\cdot}E_a(\lambda) + \qquad\qquad 4.4.7.1$$

$$\sum_{i=1}^{n} f(r_i){\cdot}I_{Lq_i}(\lambda){\cdot}\left(k_d(\lambda){\cdot}(\mathbf{N}{\cdot}\mathbf{L}_i) + k_s{\cdot}(\mathbf{L}_i{\cdot}\mathbf{R})^m \right)$$

Blinn-Modell:

$$L_{gesamt}(\lambda) = k_a(\lambda){\cdot}E_a(\lambda) + \qquad\qquad\qquad 4.4.7.2$$

$$\sum_{i=1}^{n} f(r_i){\cdot}I_{Lq_i}(\lambda){\cdot}\left(k_d(\lambda){\cdot}(\mathbf{N}{\cdot}\mathbf{L}_i) + k_s{\cdot}\frac{D\,G\,F(\theta,\lambda)}{(\mathbf{N}{\cdot}\mathbf{A})} \right)$$

Whitted-Modell:

$$L_{gesamt}(\lambda) = k_a(\lambda){\cdot}E_a(\lambda) + \qquad\qquad\qquad 4.4.7.3$$

$$\sum_{i=1}^{n} f(r_i){\cdot}I_{Lq_i}(\lambda){\cdot}\left(k_d(\lambda){\cdot}(\mathbf{N}{\cdot}\mathbf{L}_i) + k_s{\cdot}(\mathbf{N}{\cdot}\mathbf{H}_i)^{m} \right) +$$

$$k_s{\cdot}L_r(\lambda) + k_t{\cdot}L_t(\lambda)$$

Hall-Modell:

$$L_{gesamt}(\lambda) = k_a(\lambda){\cdot}E_a(\lambda) + \qquad\qquad\qquad 4.4.7.4$$

$$\sum_{i=1}^{n} f(r_i){\cdot}I_{Lq_i}(\lambda){\cdot}\Big(k_d(\lambda){\cdot}R_d(\lambda){\cdot}(\mathbf{N}{\cdot}\mathbf{L}_i) +$$

$$k_s{\cdot}R_f(\theta,\lambda){\cdot}(\mathbf{N}{\cdot}\mathbf{H}_i)^{m} +$$

$$k_s{\cdot}T_f(\theta,\lambda){\cdot}(\mathbf{N}{\cdot}\mathbf{H'}_i)^{m} \Big) +$$

$$k_s{\cdot}R_f(\eta,\lambda){\cdot}L_r(\lambda){\cdot}F_r(\lambda)^{dr} + k_s{\cdot}T_f(\psi,\lambda){\cdot}L_t(\lambda){\cdot}F_t(\lambda)^{dt}$$

4.5 Beleuchtungsmodell des Radiosity-Verfahrens

Die Schwierigkeit, mittels Ray-Tracing die diffuse globale Beleuchtung zu ermitteln, überwindet das Radiosity-Verfahren, das erstmals in [GO-RA84] dargestellt wurde. Das zu diesem Verfahren gehörende Beleuchtungsmodell geht nicht von einzelnen Strahlen aus, sondern von dem Licht, das von den einzelnen Oberflächen abgestrahlt, reflektiert, absorbiert und transmittiert wird. Als Idee liegt diesem Modell zugrunde, daß das abgestrahlte Licht eines passiv leuchtenden Oberflächenstücks gleich dem von allen anderen Oberflächen empfangenen, reflektierten und transmittierten Licht ist. Bei Flächenstücken, die zu einer Lichtquelle gehören, kommt noch das Licht hinzu, das dieses Flächenstück aktiv abstrahlt. Da die Flächen einer Lichtquelle nicht von anderen Flächen unterschieden werden, entfällt auch die Aufteilung in globale und lokale Beleuchtung. Das abgestrahlte Licht wird im Strahlungsgleichgewicht berechnet, d.h. es werden auch die Sekundärreflexionen berücksichtigt. Dadurch werden auch solche Flächenstücke beleuchtet, die kein direktes Licht von einer Lichtquelle empfangen, wodurch die indirekte diffuse Beleuchtung simuliert wird.

Das Beleuchtungsmodell des Radiosity-Verfahrens geht von folgenden Voraussetzungen aus:

- Alle Flächen sind diffus reflektierend (Lambert'sche Reflektoren).

- Alle Lichtquellen sind flächige diffuse Strahler (Lambertstrahler).

- Die Struktur, Leuchtdichte und der Reflexionskoeffizient sind homogen über jedem Flächenstück.

Die mittlere Leuchtdichte jedes Flächenstücks ergibt sich aus der Summe der von allen anderen Flächenstücken empfangenen Strahlungen und der Eigenleuchtdichte. Im Strahlungsgleichgewicht ergibt sich folgendes Gleichungssystem (siehe z.B. [GORA84]):

$$L_i = L_{E_i} + k_{d_i} \cdot \sum_{j=1}^{N} L_j \cdot F_{ij} \qquad \text{für alle } 1 \leq i \leq N \qquad\qquad 4.5.0.1$$

wobei N die Anzahl der Flächenstücke, L_i und L_j die Leuchtdichten der Flächenstücke A_i und A_j, k_{d_i} der diffuse Reflexionsgrad, L_{E_i} die Eigenleuchtdichte des Flächenstücks A_i (nur bei Lichtquellen ist $L_{E_i} \neq 0$) und F_{ij} der Formfaktor zwischen den Flächenstücken A_i und A_j ist. Der

Formfaktor gibt an, welcher Teil des von der Fläche A_j abgestrahlten Lichtes von der Fläche A_i empfangen wird.

$$F_{ij} = \frac{1}{A_i} \cdot \int\limits_{A_i} \int\limits_{A_j} \frac{\cos(\alpha_i)\cos(\alpha_j)}{\pi r^2} \, \mathrm{d}A_j \mathrm{d}A_i \,, \qquad 4.5.0.2$$

$\mathrm{d}A_i$ und $\mathrm{d}A_j$ sind die Flächendifferentiale der Flächen A_i und A_j. r ist der Abstand zwischen $\mathrm{d}A_i$ und $\mathrm{d}A_j$, α_j ist der Winkel zwischen der Normalen der Fläche A_j und der Richtung $\mathrm{d}A_j$ nach $\mathrm{d}A_i$. α_i ist der entsprechende Winkel für die Fläche A_i.

In komplexen Szenen ist es möglich, daß sich Flächen gegenseitig verdecken. Daher muß die Gleichung um den Abschattungsgrad b_{ij} erweitert werden. Als neue Formfaktorgleichung ergibt sich

$$F_{ij} = \frac{1}{A_i} \cdot \int\limits_{A_i} \int\limits_{A_j} \frac{\cos(\alpha_i)\cos(\alpha_j)}{\pi r^2} \, b_{ij} \, \mathrm{d}A_j \mathrm{d}A_i \quad \text{mit } 0 \leq b_{ij} \leq 1 \,. \qquad 4.5.0.3$$

Üblicherweise werden die Formfaktoren von geometrischen Gegebenheiten abgeleitet (siehe z.B. [GORA84], [COH85]). Da aber meistens betont wird, daß das Radiosity-Verfahren auf strahlungsphysikalischen Gesetzen beruht, soll hier die Formfaktorberechnung über die lichttechnischen Gesetze hergeleitet werden.

Abb. 4.9 zeigt die Geometrie zur Berechnung des Formfaktors F_{ij}. Das Flächenstück A_i sei der Empfänger und das Flächenstück A_j sei der Sender des Lichts. Weiter gelten alle obigen Voraussetzungen. Zu bestimmen ist nun die mittlere Leuchtdichte, die das Flächenstück A_j auf dem Flächenstück A_i erzeugt.

Nach der lichttechnischen Formel 2.4.2.9 ergibt sich die Leuchtdichte $L_{\mathrm{d}A_{i},j}$ des (infinitesimal kleinen) Flächenstücks $\mathrm{d}A_i$ aus der Beleuchtungsstärke E_j (Beleuchtung durch das Flächenstück A_j) und dem diffusen Reflexionsgrad k_{d_i} der Fläche A_i zu

$$L_{\mathrm{d}A_{i},j} = \frac{E_j \cdot k_{d_i}}{\pi} \,. \qquad 4.5.0.4$$

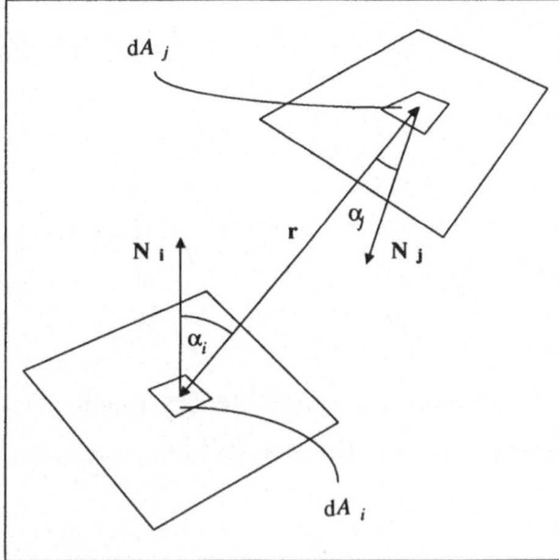

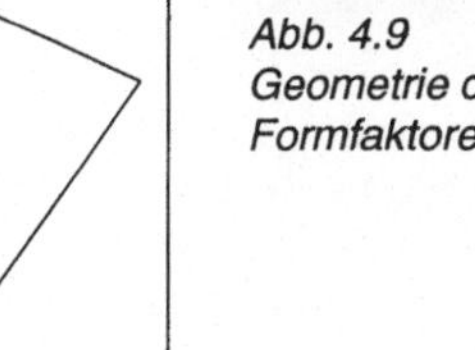

Die Beleuchtungsstärke läßt sich nach 2.4.2.8 aus der Lichtstärke der Lichtquelle berechnen (wenn die Ausdehnungen klein gegenüber der Entfernung sind, was durch die Betrachtung der Flächendifferentiale gegeben ist)

$$E_j = \frac{I_j \cdot \cos(\alpha_i)}{r^2}.$$

4.5.0.5

Die Lichtstärke der Lichtquelle (hier das Flächenstück dA_j) läßt sich für diffus strahlende Flächen (siehe Vorraussetzung) nach Lamberts Gesetz 2.4.2.5 aus der Leuchtdichte dieses Flächenstücks bestimmen.

$$dI_j = L_j \cdot dA_j \cdot \cos(\alpha_j)$$

Die Lichtstärke der Gesamtfläche A_j ist somit

4.5.0.6

$$I_j = \int_{A_j} L_j \cdot \cos(\alpha_j) \cdot dA_j.$$

Die Leuchtdichte des als Lichtquelle wirkenden Flächenstücks war als bekannt vorausgesetzt. Also ergibt sich durch Einsetzen von 4.5.0.6 und 4.5.0.5 in 4.5.0.4

$$L_{\mathrm{d}A_{i,j}} = \int_{A_j} \frac{L_j \cdot \mathrm{d}A_j \cdot \cos(\alpha_j) \cdot \cos(\alpha_i) \cdot k_{d_i}}{\pi r^2} \qquad 4.5.0.7$$

$$= L_j \cdot k_{d_i} \cdot \int_{A_j} \frac{\cos(\alpha_i) \cdot \cos(\alpha_j)}{\pi r^2} \, \mathrm{d}A_j$$

Die mittlere Leuchtdichte des Flächenstücks A_i ergibt sich durch die arithmetische Mittelwertbildung der $L_{\mathrm{d}A_{i,j}}$ zu

$$L_{ij} = \frac{1}{A_i} \cdot \int_{A_i} L_{\mathrm{d}A_{i,j}} \, \mathrm{d}A_i$$

und durch weiteres Einsetzen von 4.5.0.7 zu

$$L_{ij} = L_j \cdot k_{d_i} \cdot \left\{ \frac{1}{A_i} \cdot \int_{A_i} \int_{A_j} \frac{\cos(\alpha_i) \cdot \cos(\alpha_j)}{\pi r^2} \, \mathrm{d}A_j \, \mathrm{d}A_i \right\}.$$

Der in geschweiften Klammern stehende Term entspricht genau dem Formfaktor. Die mittlere Leuchtdichte, die das Flächenstück A_i vom Flächenstück A_j empfängt, kann deshalb auch ausgedrückt werden als

$$L_{ij} = L_j \cdot k_{d_i} \cdot F_{ij}.$$

Die Leuchtdichte des Flächenstücks A_i ergibt sich, unter Berücksichtigung aller anderen Flächenstücke, zu

$$L_i = \sum_{j=1}^{N} L_j \cdot k_{d_i} \cdot F_{ij}. \qquad 4.5.0.8$$

Wenn nun noch bei Lichtquellen die Eigenleuchtdichte berücksichtigt wird, erhalten wir die Formel 4.5.0.1. Für nicht monochromatisches Licht sind L_i, L_{E_i} und k_{d_i} wellenlängenabhängig, so daß das Gleichungssystem für jede Wellenlänge gelöst werden muß.

Da dieses Beleuchtungsmodell nicht von Punkt-, sondern von flächigen Lichtquellen ausgeht, werden auch die Schattenübergänge automatisch weicher. Eine Einschränkung ergibt sich dadurch, daß bei diesem Beleuchtungsmodell nur das Licht betrachtet wird, aber nicht dessen Richtungen. Daraus ergibt sich, daß sich nur diffuse, aber keine gerichteten Reflexionen modellieren lassen.

Das Radiosity-Verfahren geht von endlich großen Flächenstücken aus, für die die mittleren Leuchtdichten berechnet werden. Dadurch treten natürlich Fehler auf, die um so größer sind, je stärker die "wirkliche" örtliche Leuchtdichte eines Flächenstücks von der mittleren Leuchtdichte dieses Stücks abweicht. Dies tritt besonders an Stellen mit starker örtlicher Helligkeitsänderung (großer Helligkeitsgradient) wie z.B. an Schattengrenzen auf. Des weiteren müssen, um einen kontinuierlichen Helligkeitsverlauf zu erzeugen, die mittleren Leuchtdichten der einzelnen Flächenstücke miteinander interpoliert werden. Diese Fehler lassen sich durch die Größe der Flächenstücke beeinflussen.

4.6 Unterschiede zwischen den Beleuchtungsmodellen der beiden Verfahren

An dieser Stelle soll der Vergleich zwischen dem Ray-Tracing-Verfahren und dem Radiosity-Verfahren, der in Kapitel 3.4 begonnen wurde, fortgeführt werden. Tabelle 4.4 faßt die Unterschiede in der Modellierung der Beleuchtung zusammen. Aus den unterschiedlichen Beleuchtungsmodellen resultieren auch unterschiedliche visuelle Phänomene.

Ray-Tracing-Verfahren haben für die globale Beleuchtung über diffuse Interreflexionen nur den ambienten Term als grobe Abschätzung. Dadurch, daß das ambiente Licht im gesamten Objektraum konstante Beleuchtungsstärke aufweist, können keine ortspezifischen Aufhellungen, hervorgerufen durch Interreflexionen, dargestellt werden. Die diffuse Reflexion wird nur für lokale Beleuchtung "richtig" modelliert. Dies tritt bei den Radiosity-Verfahren nicht auf, da zwischen lokaler und globaler Beleuchtung nicht unterschieden wird.

Das Radiosity-Verfahren berücksichtigt nur diffuse Reflexion und Transmission. Daher können keine spekularen Effekte, wie Glanzlichter, Brechungen und Spiegelungen modelliert werden, was für die Beleuchtungsmodelle der Ray-Tracing-Verfahren keine Schwierigkeit bedeutet.

Schatten, die beim Ray-Tracing auftreten, haben immer scharfe Ränder. Wenn ein Schatten nicht durch eine andere Lichtquelle aufgehellt wird, erscheinen die Objekte im Schatten nur im ambienten Licht,

Ray-Tracing-Verfahren	Radiosity-Verfahren
unterscheiden zwischen lokaler und globaler Beleuchtung.	unterscheiden nicht zwischen lokaler und globaler Beleuchtung.
tasten die Beleuchtungshemisphäre punktweise (in spezielle Richtungen) ab (berücksichtigen nur ausgewählte Beleuchtungsereignisse).	integrieren über die Beleuchtungshemisphäre (versuchen alle Beleuchtungsereignisse zu berücksichtigen).
können sowohl diffuse als auch gerichtete Reflexionen behandeln.	können nur diffuse Reflexionen behandeln.
können nur gerichtete Transmissionen behandeln.	können nur diffuse Transmissionen behandeln.
benutzen Punktlichtquellenmodelle.	benutzen flächige Lichtquellenmodelle.

was eine konstante Einfärbung zur Folge hat. In solch einem Schatten können keine Strukturen mehr erkannt werden, außer den Spiegelungen aus der globalen Reflexion. Die indirekte Beleuchtung über spiegelnde Objekte ist nicht ohne weiteres möglich, obwohl die gerichtete Reflexion beherrscht wird. Das Gleiche gilt auch für durchsichtige Körper. So wird der Schatten von einem transparenten Objekt meistens nur durch "image rendering tricks" (siehe z.B. [MEI89], S. 19) angenähert.

Bei Radiosity-Verfahren haben die Schatten einen weichen Übergang zwischen beleuchteter Fläche und Kernschatten (Penumbra). Zusätzlich sind die im Schatten liegenden Objekte nicht ganz strukturlos, da sie über diffuse Interreflexionen beleuchtet werden.

Tabelle 4.5 zeigt, mit welchem Verfahren die acht Terme aus Tabelle 4.3 modelliert werden können. Hieraus ist ersichtlich, daß die beiden Verfahren sich ergänzen. Die Schwächen des einen Verfahrens sind die Stärken des anderen Verfahrens und umgekehrt.

Term	Beleuchtungsmodell für Ray-Tracing-Verfahren	Beleuchtungsmodell für Radiosity-Verfahren
$L_{lokal,refl,diffus}$	X	X
$L_{lokal,refl,spekular}$	X	
$L_{lokal,trans,diffus}$		X
$L_{lokal,trans,spekular}$	X (empirisch)	
$L_{global,refl,diffus}$	X (ambienter Term: wird geraten)	X
$L_{global,refl,spekular}$	X	
$L_{global,trans,diffus}$		X
$L_{global,trans,spekular}$	X	

Kapitel 5

Berechnung der Formfaktoren

Da das Radiosity-Verfahren nicht so bekannt wie das Ray-Tracing-Verfahren ist und die Formfaktorbestimmung einen wesentlichen Anteil des Aufwandes dieses Verfahrens ausmacht, stellen wir in diesem Kapitel einige wesentliche Techniken der Formfaktorberechnung dar. Darüber hinaus führen wir eigene Ideen zur Reduktion des Aufwandes an. Hieraus läßt sich der Aufwand an Speicherplatz und Rechenzeit abschätzen.

5.1 Die Hemicube-Methode

Zur Berechnung der Formfaktoren werden in [GORA84] die Flächenintegrale der Formel 4.5.0.2 nach dem Satz von Stokes in Randintegrale umgewandelt:

$$F_{ij} = \frac{1}{2\pi A_i} \cdot \oint_{C_j} \oint_{C_i} \Big(\ln(r)\mathrm{d}x_i\mathrm{d}x_j + \ln(r)\mathrm{d}y_i\mathrm{d}y_j + \ln(r)\mathrm{d}z_i\mathrm{d}z_j \Big). \qquad 5.1.0.1$$

Dieses Verfahren kann nur für konvexe Szenen angewandt werden, da sich damit keine Abschattungen berücksichtigen lassen. Um auch komplexere Szenen berechnen zu können, wurde die Hemicube-Methode zur Bestimmung der Formfaktoren entwickelt (siehe [COH85]). Bei dieser Methode wird der Sachverhalt, daß eine Abhängigkeit zwischen Formfaktor und Raumwinkel existiert, ausgenutzt. Abb. 5.1 zeigt, daß Flächen unterschiedlicher Ausrichtung und Größe den gleichen Formfaktor besitzen, wenn sie den gleichen Raumwinkel einnehmen.

Abb. 5.1
Flächen mit gleichem
Formfaktor

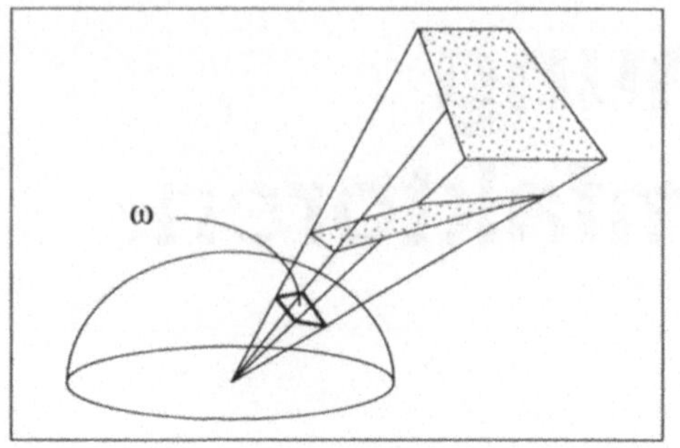

Wird in der Formfaktorgleichung

$$F_{ij} = \frac{1}{A_i} \cdot \int\limits_{A_i} \int\limits_{A_j} \frac{\cos(\alpha_i)\cdot\cos(\alpha_j)}{\pi r^2} \cdot b_{ij}\cdot dA_j\cdot dA_i$$

der Raumwinkel $d\omega = \dfrac{\cos(\alpha_j)\cdot dA_j}{r^2}$ eingesetzt, so ergibt sich

$$F_{ij} = \frac{1}{A_i} \cdot \int\limits_{A_i} \int\limits_{2\pi} \frac{\cos(\alpha_i)}{\pi}\cdot b_{ij}\cdot d\omega\cdot dA_i \ .$$

Daraus folgt, daß zur Berechnung der Formfaktoren die Projektion der Senderfläche auf z.B. die Einheits-Hemisphäre der Empfängerfläche benutzt werden kann. Zur numerischen Berechnung ist es einfacher, anstelle der Projektion auf die Einheitshalbkugel, die Projektion auf den Einheitshalbwürfel (Hemicube) zu benutzen. Der hier benutzte Einheitswürfel ist achsenparallel (zum lokalen Koordinatensystem des Flächenstücks), hat die Kantenlänge zwei, und der Mittelpunkt liegt im Ursprung. Dann läßt sich der Formfaktor als

$$F_{ij} = \frac{1}{A_i} \cdot \int\limits_{A_i} \int\limits_{A'_j} \frac{\cos(\alpha_i)\cdot\cos(\alpha_j)}{\pi r^2} \cdot b_{ij}\cdot dA'_j\cdot dA_i$$

berechnen, wobei A'_j die auf den Halbwürfel projizierte Fläche A_j ist.

Für die numerische Integration werden nun die Differentiale durch Differenzen und die Integrale durch Summen ersetzt:

$$F_{ij} \approx \frac{1}{A_i} \cdot \sum_{l=1}^{p} \sum_{m=1}^{q} \frac{\cos(\alpha_i)\cdot\cos(\alpha_j)}{\pi r^2} \cdot b_{ij}\cdot\Delta A'_j\cdot\Delta A_i \ .$$

Für den diskreten Fall ist

$$b_{ij} = \begin{cases} 1 & \text{falls } \Delta A_j \text{ von } \Delta A_i \text{ aus sichtbar ist} \\ 0 & \text{sonst} \end{cases}$$

Es läßt sich zeigen (wird in [COH85] behauptet), daß die innere Summe konstant ist, wenn der Abstand der Flächen groß im Verhältnis zu ihren Ausdehnungen ist (Fotometrisches Entfernungsgesetz). In diesem Fall kann die äußere Summe mit einer einfachen Multiplikation der inneren Summe gebildet werden.

$$F_{ij} \approx \sum_{m=1}^{q} \frac{\cos(\alpha_i)\cdot\cos(\alpha_j)}{\pi r^2}\cdot b_{ij}\cdot\Delta A'_j \qquad\qquad 5.1.0.2$$

Wenn zur Abtastung des Hemicube die Oberfläche mittels eines Gitters in kleine Flächen $\Delta A'$ (wir nennen diese im folgenden "Pixel", um eine

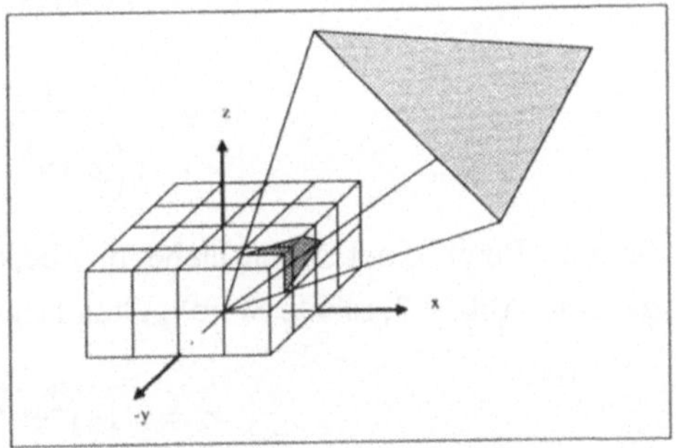

Abb. 5.2
Der Hemicube

Verwechslung mit einem Bildschirmpixel zu vermeiden) aufgeteilt wird[1], berechnet sich der Formfaktor als (siehe Abb. 5.2)

$$F_{ij} \approx \sum_{l=1}^{p} \Delta F_l\cdot b_{ij} \ , \qquad\qquad 5.1.0.3$$

wobei für ΔF_l gilt:

---

[1] In [COH85] wird eine Auflösung von 50 x 50 bis 100 x 100 "Pixel" für die Deckfläche des Hemicube empfohlen.

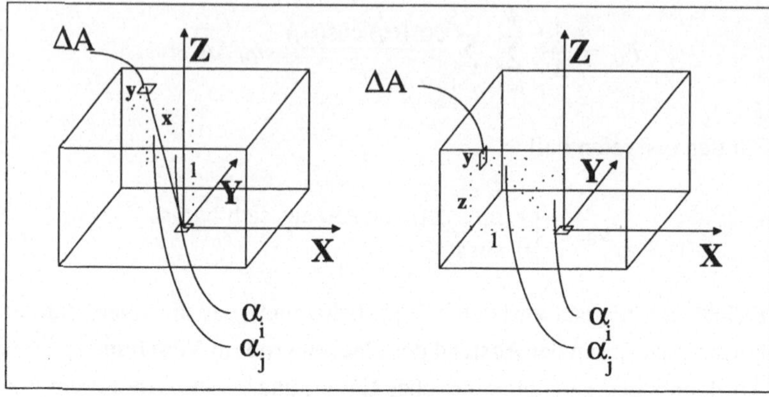

Abb. 5.3
Geometrie der "Pixel"-
Formfaktoren

$$\Delta F_l = \frac{\cos(\alpha_i)\cdot\cos(\alpha_j)}{\pi r^2}\cdot\Delta A'_j$$

Da es sich um einen Einheitshalbwürfel handelt, ergibt sich nach Abb. 5.3 (linke Seite) für ein "Pixel" der Deckfläche

$$r = \sqrt{x^2+y^2+1}$$

$$\cos(\alpha_i) = \cos(\alpha_j) = \frac{1}{\sqrt{x^2+y^2+1}}$$

$$\Delta F = \frac{1}{\pi\left(x^2+y^2+1\right)^2}\cdot\Delta A' \qquad\qquad 5.1.0.4$$

Für ein "Pixel" einer Seitenfläche (hier beispielhaft an der Seite mit x=-1 gezeigt, Abb. 5.3, rechte Seite) gelten folgende Berechnungen:

$$r = \sqrt{1+y^2+z^2}$$

$$\cos(\alpha_i) = \frac{z}{\sqrt{1+y^2+z^2}}$$

$$\cos(\alpha_j) = \frac{1}{\sqrt{1+y^2+z^2}}$$

$$\Delta F = \frac{z}{\pi\left(1+y^2+z^2\right)^2}\cdot\Delta A' \qquad\qquad 5.1.0.5$$

Diese Teilformfaktoren sind für jeden Hemicube der Szene gleich. Sie werden also nur einmal berechnet und können dann in einer Wertetabelle gespeichert werden.

Für die einzelnen "Pixel" läßt sich ermitteln, welcher Senderfläche sie zugeordnet werden, indem die gesamte Szene auf die entsprechende Seite projiziert wird (z.B. mit einem Z-Buffer Algorithmus). Der Formfaktor zwischen der Empfängerfläche und einer Senderfläche ergibt sich dann als Summe der Teilformfaktoren dieser Senderfläche.

Angemerkt sei zu diesem Verfahren, daß bei Flächenstücken, deren Projektion auf dem Hemicube der Größenordnung des Rasters entspricht, die Fehler sehr groß werden können, so daß sie z.B. durch das Raster fallen und nicht berücksichtigt werden (Aliasing-Effekt). Bei Flächenstücken mit großer Leuchtdichte (z.B. kleine Lichtquellen) kann der Fehler der Gesamtbeleuchtung der Szene erheblich sein.

5.2 Die Singleplane-Methode

Die Berechnung der Formfaktoren kann vereinfacht werden, indem beim Hemicube die Deckfläche (Singleplane) stark vergrößert und nur diese benutzt wird (siehe Abb. 5.4). Da zur Berechnung der Teilformfaktoren nicht mehr zwischen Deck- und Seitenflächen unterschieden wird, können die Teilformfaktoren immer mit der gleichen Formel

$$\Delta F = \frac{1}{\pi\left(x^2+y^2+1\right)^2}\cdot\Delta A' \qquad\qquad 5.2.0.1$$

berechnet werden und es wird nur noch die Projektion auf eine Fläche benötigt.

Da die Singleplane endlich ist, kann es vorkommen, daß nicht die gesamte Senderfläche auf die Singleplane projiziert werden kann. Die

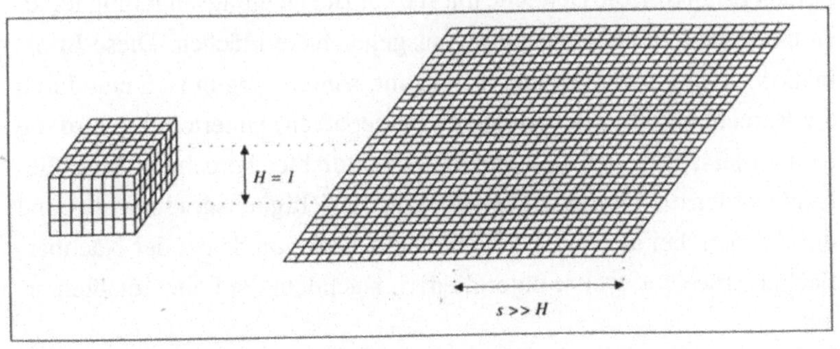

Abb. 5.4
Vom Hemicube zur
Singleplane

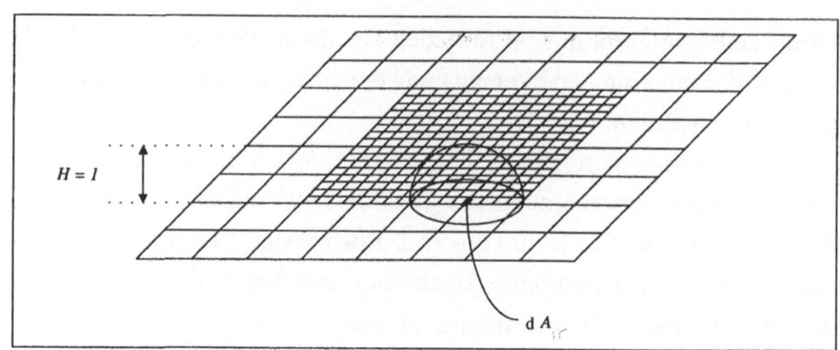

*Abb. 5.5
Die Singleplane mit
zwei Auflösungen*

dadurch auftretenden Fehler können aber bei genügender Größe der Abtastfläche vernachlässigt werden. Eine Fehlerabschätzung ist in [SILL89] enthalten, worin dieses Verfahren erstmals dargestellt wurde.

Die Genauigkeit sowie der Aufwand steigt bei der Hemicube- und bei der Singleplane-Methode mit der Auflösung, wobei mit der letzteren Methode für die äußeren "Pixel" eine gröbere Auflösung gewählt werden kann (siehe auch [RECK90] und Abb. 5.5).

Es bleibt bei beiden Methoden das Dilemma, daß einerseits ein Verkleinern der Flächenstücke wünschenswert ist, da nur dann eine gleichmäßige Leuchtdichte der Flächenstücke erreicht wird und anderseits bei zu kleinen Flächenstücken der Quantisierungsfehler (Aliasing bei der Projektion auf die Abtasthalbwürfel, bzw. Abtastfläche) steigt.

5.3 Die adaptive Unterteilung

Die Radiosity-Methode geht von gleichmäßig beleuchteten Flächen aus. Dies ist im allgemeinen nicht gegeben, weshalb die Flächen unterteilt werden müssen. Die einfachste Methode besteht in der gleichmäßigen Unterteilung, aller Flächen. Dies gibt die Beleuchtungssituation in komplexen Szenen aber nur unvollkommen wieder. Neben relativ großen Flächen mit gleichmäßiger Beleuchtung existieren kleine Bereiche mit großer Änderung der Beleuchtung wie z.B. an den Schattengrenzen. Es ist daher sinnvoll, die Bereiche mit starker Beleuchtungsänderung feiner zu untergliedern als gleichmäßig ausgeleuchtete Flächen. Diese Information ist aber nicht im voraus bekannt, sondern ergibt sich erst durch die Berechnung. Bei der adaptiven (angepaßten) Unterteilung wird die Szene zuerst grob unterteilt und die Leuchtdichten berechnet. Anschließend werden die Flächen mit einem großen Helligkeitsgradient, das sind die Flächen, bei denen die Leuchtdichte stark von denen der Nachbarflächen abweicht, weiter untergliedert. Nachdem die Leuchtdichten erneut berechnet wurden, wird das Verfahren solange wiederholt, bis ein Abbruchkriterium erfüllt ist. Es müssen dabei jeweils nur die Formfaktoren neu berechnet bzw. neu hinzugefügt werden, welche die unterteilten Flächen berühren (siehe auch [COH86]).

Da bei der Generierung der Bilder die Helligkeiten auf den einzelnen Flächen interpoliert werden, kann dabei folgendes Problem auftreten. Wenn zwei Bereiche mit unterschiedlicher Unterteilung aneinander grenzen, kann es geschehen, daß die Interpolation auf der großen Fläche nicht mit der auf den kleinen Flächen übereinstimmt (siehe Abb. 5.6 und Bild I.28). Daraus resultieren unschöne Brüche in der Helligkeit der Flächen. Um dies zu vermeiden muß die Unterteilung aneinander grenzenden Flächen koordiniert werden, wodurch ein zusätzlicher Verwaltungsaufwand entsteht.

5.4 Aufwandsreduktion

Um die Helligkeitsverläufe auf den einzelnen Flächen darstellen zu können, muß die Szene in ausreichend kleine Flächenstücke unterteilt werden. Zwischen den meisten dieser Flächenstücke ist die Entfernung sehr viel größer als deren Ausdehnung, so daß die vereinfachte Formel 5.4.0.1 angewendet werden kann (siehe auch das Argument auf Seite 63 mit dem die Formel 5.1.0.2 vereinfacht wurde).

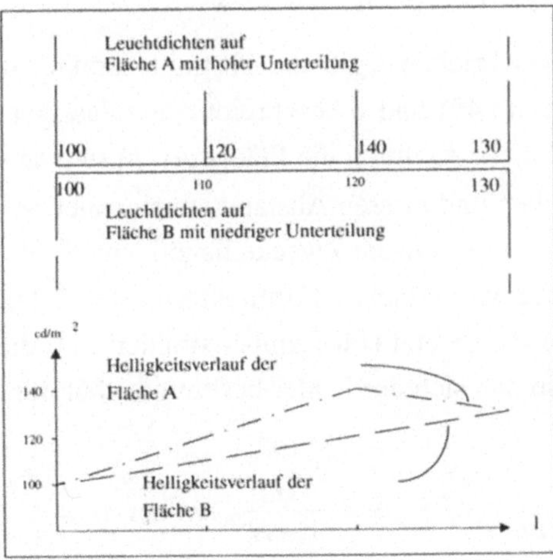

Abb. 5.6
Helligkeitsbruch durch
Interpolation

$$F_{ij} = \frac{1}{A_i} \cdot \int\limits_{A_i} \int\limits_{A'_j} \frac{\cos(\alpha_i)\cdot\cos(\alpha_j)}{\pi r^2} \cdot b_{ij}\cdot dA'_j\cdot dA_i \,,$$

$$F_{ij} \approx \frac{1}{A_i} \cdot \sum_{l=1}^{p} \sum_{m=1}^{q} \frac{\cos(\alpha_i)\cdot\cos(\alpha_j)}{\pi r^2} \cdot b_{ij}\cdot\Delta A'_j\cdot\Delta A_i$$

$$F_{i,j} \approx \frac{\cos(\alpha_i)\cdot\cos(\alpha_j)}{\pi\cdot r^2} b_{ij}\cdot A_j \qquad\qquad 5.4.0.1$$

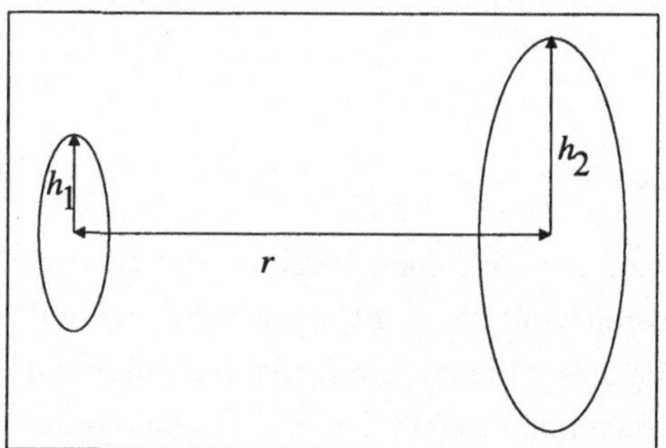

Abb. 5.7
Die Geometrie zur
Fehlerrechnung

Die Approximation der fotometrischen Grenzentfernung zweier sich gegenüberliegenden Kreisflächen (siehe Abb. 5.7) wird in [HEN87], Seite 32 mit

$$\left(\frac{h_1}{r}\right)^2 + \left(\frac{h_2}{r}\right)^2 = \left|\frac{4\delta}{n+3-4\delta}\right|, \quad \text{für } n \neq -3 \text{ und } \delta \ll 1 \qquad 5.4.0.2$$

beschrieben. n gibt die Abstrahlcharakteristik der Flächen an (siehe auch Seite 42) und δ beschreibt den zulässigen Fehler der Beleuchtung der Fläche A_2 durch die Fläche A_1. h_1 und h_2 sind die Radien der Kreisflächen und r deren Abstand voneinander.

Für unsere Zwecke benötigen wir ein Entscheidungskriterium, ob die vereinfachte Formfaktorformel 5.4.0.1 zulässig ist. Daher wird $n = 1$ gesetzt (für Lambertstrahler) und die Formel nach δ umgeformt, so daß sich der Fehler bestimmen läßt mit

$$\delta = \frac{H}{1-H} \,, \text{ wobei } H = \left(\frac{h_1}{r}\right)^2 + \left(\frac{h_2}{r}\right)^2 . \qquad 5.4.0.3$$

Im allgemeinen liegen die Flächen nicht parallel zueinander, so daß der Abstand r entsprechend verkürzt werden muß (siehe Abb. 5.8).

Die Voraussetzungen dieser Fehlerrechnung gelten streng genommen nur für Kreisflächen. Wir übertragen diese Rechnung auch auf Polygone, indem wir mit den Radien der die Polygone umschließenden Kreise rechnen.

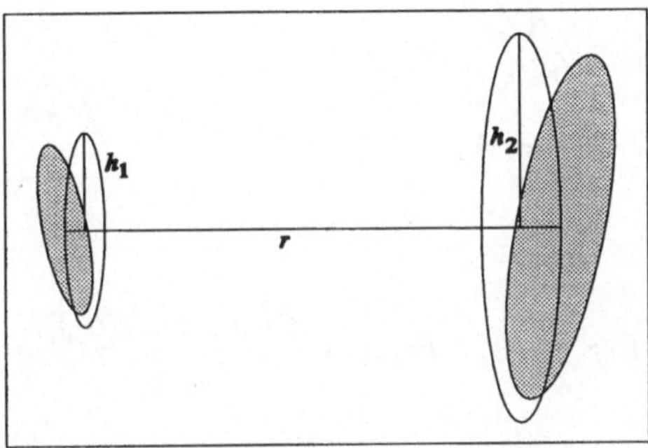

Abb. 5.8
Der Abstand bei
schiefwinkligen Flächen

Die Anzahl der zu berechnenden Formfaktoren entspricht dem Quadrat der Anzahl der Flächenstücke. Bei der geforderten feinen Unterteilung der Flächen kann dies zur Folge haben, daß die Formfaktoren nicht mehr in den Hauptspeicher passen.

Bei der iterativen Lösung des Gleichungssystems bedeutet dies einen erhöhten Rechenaufwand. Jedesmal, wenn ein Formfaktor benötigt wird, muß er neu berechnet werden. Da die Anzahl def Formfaktoren quadratisch mit der Anzahl der Flächenstücke wächst, muß ein Großteil der Rechenzeit bei der Radiosity-Methode für das Bestimmen der Formfaktoren aufgewendet werden. Eine feinere Unterteilung der Flächen ist aber notwendig, um die Helligkeitsverläufe auf den Flächen genauer simulieren zu können. Daher stößt dieses Verfahren schnell an seine Grenzen. Mit Hilfe einiger Vorüberlegungen kann aber die Anzahl der Formfaktoren reduziert werden. Bei kleinen Flächen, die sehr weit voneinander entfernt sind, wird das fotometrische Entfernungsgesetz für die Formel 5.4.0.1 übererfüllt, d.h. der Abstand wird sehr viel größer, als die größte Ausdehnung der Flächenstücke. In diesem Fall können zwei benachbarte Sender-Flächenstücke zusammengefaßt und ein gemeinsamer Formfaktor bestimmt werden, wenn sie die gleiche Ausrichtung haben (siehe Abb. 5.9) .

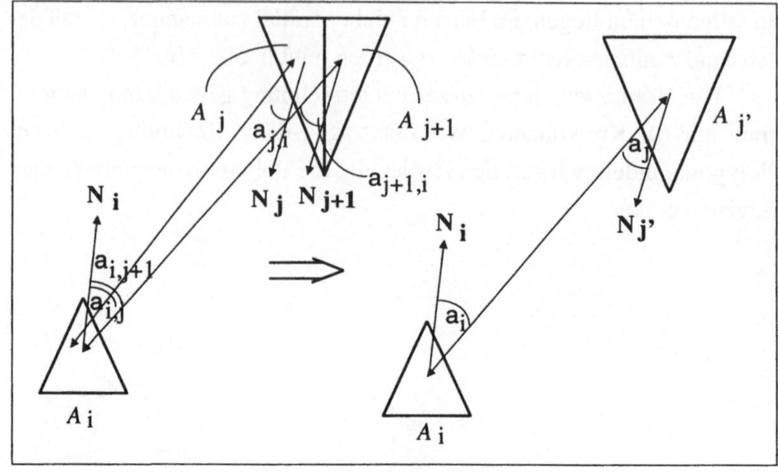

Abb. 5.9
Zusammenfassen
mehrerer Formfaktoren

$$F_{i,j'} \stackrel{Def}{=} F_{i,j} + F_{i,j+1} \approx \frac{\cos(\alpha_{i,j})\cdot\cos(\alpha_{j,i})}{\pi\cdot r_{i,j}^2}\cdot b_{i,j}\cdot A_j +$$

$$\frac{\cos(\alpha_{i,j+1})\cdot\cos(\alpha_{j+1,i})}{\pi\cdot r_{i,j+1}^2}\cdot b_{i,j+1}\cdot A_{j+1}$$

$$\cos(\alpha_{i,j}) \approx \cos(\alpha_{i,j+1}) \stackrel{Def}{=} \cos(\alpha_i)$$

$$\cos(\alpha_{j,i}) \approx \cos(\alpha_{j+1,i}) \stackrel{Def}{=} \cos(\alpha_j)$$

$$r_{i,j} \approx r_{i,j+1} \stackrel{Def}{=} r$$

$$A_j + A_{j+1} \stackrel{Def}{=} A_{j'}$$

$$F_{i,j'} \approx \frac{\cos(\alpha_i)\cdot\cos(\alpha_{j'})}{\pi\cdot r^2}\cdot b_{i,j'}\cdot\left(A_j + A_{j+1}\right)$$

$$\approx \frac{\cos(\alpha_i)\cdot\cos(\alpha_{j'})}{\pi\cdot r^2}\cdot b_{i,j'}\cdot A_{j'} \qquad\qquad 5.4.0.4$$

Mit diesem gemeinsamen Formfaktor und der mittleren Leuchtdichte der zusammengefaßten Flächenstücke läßt sich deren Einfluß auf die Empfängerfläche bestimmen.

$$L_{i,j} + L_{i,j+1} = k_{d_i} \left(F_{i,j} \cdot L_j + F_{i,j+1} \cdot L_{j+1} \right)$$

$$= k_{d_i} \cdot \frac{\cos(\alpha_{i,j}) \cdot \cos(\alpha_{j,i})}{\pi \cdot r_{i,j}^2} \cdot b_{i,j} \cdot A_j \cdot L_j +$$

$$k_{d_i} \cdot \frac{\cos(\alpha_{i,j+1}) \cdot \cos(\alpha_{j+1,i})}{\pi \cdot r_{i,j+1}^2} \cdot b_{i,j+1} \cdot A_{j+1} \cdot L_{j+1}$$

$$\approx k_{d_i} \cdot \frac{\cos(\alpha_i) \cdot \cos(\alpha_j)}{\pi \cdot r^2} \cdot b_{i,j'} \cdot \left(A_j \cdot L_j + A_{j+1} \cdot L_{j+1} \right)$$

$$\approx k_{d_i} \cdot F_{i,j'} \cdot \left\{ \frac{A_j \cdot L_j + A_{j+1} \cdot L_{j+1}}{A_{j'}} \right\} \qquad 5.4.0.5$$

Dieses Verfahren läßt sich bei Bedarf rekursiv fortsetzen, d.h. zwei zusammengefaßte Flächen lassen sich wiederum zusammenfassen, wenn das fotometrische Entfernungsgesetz übererfüllt ist und sie benachbart sind.

Da bei kleiner werdenden Flächenstücken immer mehr Flächenstücke

Anzahl der Flächenstücke	Anzahl der Formfaktorberechnungen bei			
	10% Fehler	5% Fehler	2% Fehler	1% Fehler
126	10.567	11.588	11.929	12.007
428	50.939	79.590	124.451	141.768
870	112.241	178.733	338.907	485.816
1754	223.491	371.793	737.709	1.246.922
3540	443.050	753.553	15.33.041	2.683.540
13456	1.603.766	2.778.720	58.79.271	10.775.713
27100	3.165.389	5.512.517	11.866.164	21.731.261
54296	6.230.276	10.897.082	23.709.206	43.641.905
80000	9.115.207	15.911.282	34.747.737	64.161.255

*Tabelle 5.1
Der Rechenaufwand in
Abhängigkeit der
zulässigen Fehler*

zusammengefaßt werden können, ergibt sich eine Komplexität der Formfaktorberechnung, die nicht mehr quadratisch mit der Anzahl der Flächenstücke zunimmt. Die Ergebnisse unserer Versuche sind in Tabelle 5.1 und den folgenden Diagrammen dargestellt. Das Diagramm in Abb. 5.10 zeigt die Anzahl der Formfaktorberechnungen (für einen

Schritt bei der iterativen Lösung des Gleichungssystems) in Abhängigkeit der Anzahl der Flächenstücke für verschiedene zulässige Fehler

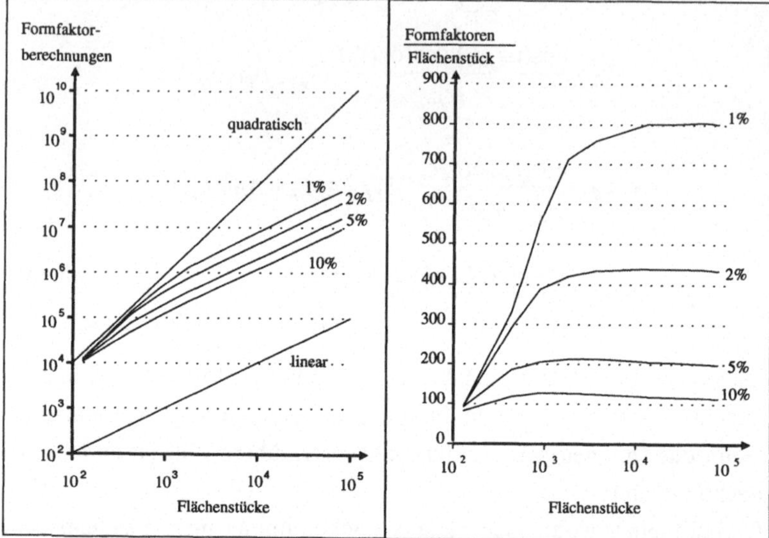

beim Zusammenfassen mehrerer Senderflächen.

Im Diagramm der Abb. 5.11 wird die Anzahl der Formfaktorberechnungen auf die Anzahl der Flächenstücke bezogen. Aus dieser Darstellung wird der qualitative Unterschied zwischen linearem und quadratischem Verhalten des Rechenaufwandes deutlicher. Während bei der klassischen Methode, alle Formfaktoren zu berechnen, der Aufwand zur Berechnung quadratisch mit der Anzahl der Teilflächen wächst, beschränkt sich der Berechnungsaufwand für eine große Anzahl der Flächenstücke auf lineares Wachstum. Der zulässige Fehler bei der Zusammenfassung mehrerer Flächenstücke beinflußt sehr stark den absoluten Aufwand, ändert aber nichts an der Komplexität.

Kapitel 6

Vergleich beider Verfahren

Nach der Darstellung der benutzbaren Beleuchtungsmodelle werden in diesem Kapitel die speziellen Modelle aus dem allgemeinen Modell abgeleitet. Dadurch können die einschränkenden Annahmen für jedes spezielle Modell direkt benannt werden und die Idealisierungen bezüglich der Lichtausbreitung treten klar hervor. Somit ist eine Bewertung der Verfahren im Sinne der Korrektheit der Simulation der Lichtausbreitung möglich. Es folgt eine informelle Diskussion der erreichbaren Bildqualität und des mit den Verfahren verbundenen Aufwands.

6.1 Die Approximation der Leuchtdichte-Gleichung als Kriterium eines bewertenden Vergleichs

Durch schrittweise Ableitung der Verfahren aus der allgemeinen Leuchtdichte-Gleichung (siehe Gleichung 4.2.2.9) sollen die vereinfachenden und idealisierenden Annahmen, die für jedes Verfahren gemacht werden, herausgearbeitet werden. Dadurch kann die Leistungsfähigkeit bezüglich der Simulation der Lichtausbreitung der Verfahren abgeschätzt werden.

6.1.1 Von der Leuchtdichte-Gleichung zum Ray-Tracing-Verfahren

Im folgenden werden nur Reflexionen und keine Transmissionen betrachtet. Die Transmission ist ohne weiteres hinzuzufügen, indem die untere Hemisphäre des zu beleuchtenden Punktes einbezogen wird. Die Transmission kann dann analog zu der Reflexion berechnet werden.

1. Annahme:

> Bei den Modellen für das Ray-Tracing wird zwischen reflektierenden Oberflächen und Punktlichtquellen unterschieden. Oberflächen haben keine Eigenleuchtdichte.

Daraus resultiert die Unterteilung in lokale (Lichtquellen) und globale (reflektierende Oberflächen) Beleuchtungsereignisse. Die Leuchtdichte in einem Punkt P in eine Richtung (θ,φ) ergibt sich dann zu

$$L_P(\theta,\varphi) \;=\; \int_{2\pi} R_b \cdot L_{lokal}(\theta',\varphi') \cdot \cos(\alpha) \cdot d\omega + \int_{2\pi} R_b \cdot L_{global}(\theta',\varphi') \cdot \cos(\alpha) \cdot d\omega$$

Durch die Annahme der Punktlichtquellen kann das erste Integral zur Summe über alle Richtungen zu den Lichtquellen vereinfacht werden. Die Leuchtdichte aus den anderen Richtungen ist gleich Null, diese werden aber im zweiten Integral berücksichtigt, in dem nun die Leuchtdichte aus den Richtungen der Lichtquellen gleich Null ist:

$$L_P(\theta,\varphi) \;=\; \sum_{i=1}^{n} R_b \cdot L_i(\theta',\varphi') \cdot \cos(\alpha) \cdot d\omega_i + \int_{2\pi} R_b \cdot L_{global}(\theta',\varphi') \cdot \cos(\alpha) \cdot d\omega \;.$$

n gibt die Anzahl der Lichtquellen an. Da von Punktlichtquellen ausgegangen wird, ergibt der Term $L_i(\theta',\varphi') \cdot d\omega_i$ einen unbestimmten Wert, da die Leuchtdichte unendlich groß und der Raumwinkel gleich Null ist. Durch eine Grenzwertbetrachtung ergibt sich

$$\lim_{\substack{L\to\infty \\ \omega\to 0}} L(\theta,\varphi) \cdot \omega \;=\; \lim_{\substack{L\to\infty \\ A\to 0}} L(\theta,\varphi) \cdot \cos(\beta) \cdot A \cdot \frac{1}{r^2} \;=\; \frac{I(\theta,\varphi)}{r^2} \;.$$

Für ω wurde einfach die Approximation für den Raumwinkel (siehe Gleichung 4.2.1.2) eingesetzt, wobei β den Abstrahlwinkel, A die Fläche der Lichtquelle und r den Abstand beschreibt. Nach dem Lambertschen Gesetz (siehe Gleichung 2.4.2.5) gilt, daß die Leuchtdichte multipliziert mit der projizierten Fläche (also $\cos(\beta) \cdot A$) die Lichtstärke ergibt.

Die bidirektionale Reflexion R_b kann unterteilt werden in (siehe [CO-OK81])

$$R_b = d \cdot R_d + s \cdot R_s \quad \text{mit} \quad d + s = 1,$$

wobei R_d für die diffuse und R_s für die spekulare Reflexion steht. Werden nun z.B. $d \cdot R_d = k_d$ und $s \cdot R_s = k_s \cdot \dfrac{\cos^m(\gamma)}{\cos(\alpha)}$ gesetzt, so ergibt sich das Modell nach Phong. Bei entsprechend anderer Besetzung ergeben sich die anderen dargestellten Modelle für die lokalen Terme. Es ergibt sich damit die Gleichung:

$$L_P(\theta,\varphi) = \sum_{i=1}^{n} (d \cdot R_d + s \cdot R_s) \cdot \cos(\alpha) \cdot \frac{I_i(\theta',\varphi')}{r^2} +$$

$$\int_{2\pi} R_b \cdot L_{global}(\theta',\varphi') \cdot \cos(\alpha) \cdot d\omega \, .$$

2. Annahme:

Die Leuchtdichte eines globalen Beleuchtungsereignisses ist

$$L_{global}(\theta',\varphi') = \begin{cases} L_R & \text{aus Richtung des Reflexionsvektors} \\ L_K & \text{sonst} \end{cases}$$

wobei L_K eine benutzerdefinierte Konstante ist.

Daraus berechnet sich die Leuchtdichte in P zu

$$L_P(\theta,\varphi) = \sum_{i=1}^{n} (d \cdot R_d + s \cdot R_s) \cdot \cos(\alpha) \cdot \frac{I_i(\theta',\varphi')}{r^2} +$$

$$\int_{2\pi} R_b \cdot L_K \cdot \cos(\alpha) \cdot d\omega + R_b \cdot L_R \cdot \cos(\alpha) \cdot d\omega \, .$$

3. Annahme:

Die bidirektionale Reflexion ist nicht gleich für lokale und globale Beleuchtungsereignisse. Im folgenden wird dies durch einen Index l für lokal und g für global kenntlich gemacht.

Für Licht aus globalen Ereignissen ist $d_g \cdot R_{d_g} = 0$ und $s_g \cdot R_{s_g}$ wird für Lichteinfall aus der Richtung des Reflexionsvektors abhängig vom Einfallswinkel gewählt (z.B. $s_g \cdot R_{s_g} = k_s / \cos(\alpha) \cdot d\omega$ für Whitteds Modell), ansonsten ist $R_{b_g} = k_a$.

Damit ergibt sich die Gleichung:

$$L_P(\theta,\varphi) \;=\; \sum_{i=1}^{n} (d_l \cdot R_{d_l} + s_l \cdot R_{s_l}) \cdot \cos(\alpha) \cdot \frac{I_i(\theta',\varphi')}{r^2} +$$

$$\int_{2\pi} k_a \cdot L_K \cdot \cos(\alpha) \cdot d\omega + s_g \cdot R_{s_g} \cdot L_R \cdot \cos(\alpha) \cdot d\omega \; .$$

Das zweite Integral kann umgeformt werden, indem die Raumwinkelapproximation eingesetzt wird:

$$\int_{2\pi} k_a \cdot L_K \cdot \cos(\alpha) \cdot d\omega \;=\; k_a \cdot \int_S L_K \cdot \cos(\alpha) \cdot \frac{dS \cdot \cos(\beta)}{r^2}$$

$$=\; k_a \cdot \int_S dI_K \cdot \cos(\alpha) \cdot \frac{1}{r^2} \;=\; k_a \cdot \int_S dE_K$$

$$=\; k_a \cdot E_K \; .$$

Der Term $k_a \cdot E_K$ stellt die Reflexion des ambienten Lichts dar, S ist die Vereinigung aller Oberflächen der Scene. Die angenommene konstante Leuchtdichte führt zu einer konstanten Beleuchtungsstärke jeden Punktes der Szene.

Somit wird die Gleichung zu:

$$L_P(\theta,\varphi) \;=\; \sum_{i=1}^{n} (d_l \cdot R_{d_l} + s_l \cdot R_{s_l}) \cdot \cos(\alpha) \cdot \frac{I_i(\theta',\varphi')}{r^2} +$$

$$k_a \cdot E_K + s_g \cdot R_{s_g} \cdot L_R \cdot \cos(\alpha) \cdot d\omega \; .$$

Je nachdem, was für die Terme der bidirektionalen Reflexion eingesetzt wird und unter Berücksichtigung der Transmission, ergibt sich ein in Kapitel 4.4.7 dargestelltes Beleuchtungsmodell. Die dort angeführte Abstandsfunktion lautet dann $f(r) = 1/r^2$.

Die Annahme der Punktlichtquellen ist unserer Meinung nach noch eine
zulässige Vereinfachung (dies wird z.B. auch in der Lichttechnik angewendet), obwohl es solche in der Wirklichkeit nicht gibt. Dadurch läßt
sich aber mit Hilfe einfacher Formeln die lokale Beleuchtung berechnen.
Eine Annahme von flächigen Lichtquellen hätte die Berechnung vom
eingenommenen Raumwinkel (und damit partielle Verdeckungen der
Lichtquelle) zur Folge.

Die indirekte Beleuchtung, die zu einer korrekten Simulation der
Lichtausbreitung gehört, kann vom Ray-Tracing-Verfahren nicht berechnet, nicht einmal genügend angenähert werden. Durch willkürliche
Bestimmung wird zwar eine konstante Beleuchtungsstärke für jeden
Punkt der Szene festgelegt, dies entspricht aber in keiner Weise der
Wirklichkeit. Die Beleuchtungsstärke in einem Punkt, hervorgerufen
durch indirekte Beleuchtung, ist eben abhängig von den Ereignissen, die
eine Projektion auf die Hemisphäre über P haben, und somit nicht
konstant für die ganze Szene! Durch das Weiterverfolgen eines Refle-
xionsstrahls wird auf den entsprechenden Oberflächen eine ideale Spie-
gelung sichtbar. Aber durch eine andere Belegung der bidirektionalen
Reflexionsfunktion wird das gesamte Beleuchtungsmodell inkonsistent.
Einerseits wird eine gewisse Rauhheit zur Modellierung der Glanzlichter
angenommen, andererseits wird davon ausgegangen, daß die Oberfläche
ideal glatt ist! Bei Einführung der Konsistenz müßte entweder auf die
Glanzlichter oder auf die idealen Spiegelbilder auf den Objekten verzichtet werden.

Das Ray-Tracing-Verfahren ist damit nicht in der Lage, eine voll-
ständig korrekte Simulation der Lichtausbreitung durchzuführen.

6.1.2 Von der Leuchtdichte-Gleichung zum Radiosity-
Verfahren

1. Annahme:

Es wird nur die diffuse Reflexion unterstützt, daraus folgt für die bidirektionale
Reflexion $d = 1$ und $s = 0$. Der diffuse Reflexionskoeffizient wird approximiert durch

$$R_d = \frac{F_0}{\pi} = \frac{k_d}{\pi},$$

wobei F_0 die Fresnelsche Reflexion bei senkrechtem Lichteinfall darstellt.

Durch den Wegfall der spiegelnden Reflexion, entfällt auch die Richtungsabhängigkeit der Leuchtdichte. Die Leuchtdichte in einem Punkt P_i ist dann

$$L_{P_i} = L_{E_{P_i}} + k_{d_i} \cdot \int\limits_{2\pi} L_{P_j} \cdot \frac{\cos(\alpha_i)}{\pi} \cdot d\omega'$$

$$= L_{E_P} + k_{d_i} \cdot \int\limits_{S} L_{P_j} \cdot \frac{\cos(\alpha_i) \cdot \cos(\alpha_j)}{\pi \cdot r^2} \cdot dS_j \ .$$

Die Punkte P_i und P_j sind hierbei als infinitesimal kleine Flächenstücke zu sehen. Der Winkel α_i ist der Einfallswinkel des in P_j unter dem Abstrahlwinkel α_j abgestrahlten Lichts. $L_{E_{P_i}}$ gibt die Leuchtdichte der Eigenstrahlung an. Für $d\omega'$ wurde die Raumwinkelapproximation eingesetzt, so daß das Integral dann über S (die Vereinigung aller Oberflächen der Szene) genommen wird.

2. Annahme:

Die Gesamtoberfläche der Szene ist diskretisiert, d.h. in N Flächenstücke aufgeteilt:

$$S = \sum_{j=1}^{N} A_j \ .$$

Die Leuchtdichte in P_i berechnet sich dann durch Integration über die Fläche A_j zu

$$L_{P_i} = L_{E_{P_i}} + k_{d_i} \cdot \sum_{j=1}^{N} \int\limits_{A_j} L_{P_j} \cdot \frac{\cos(\alpha_i) \cdot \cos(\alpha_j)}{\pi \cdot r^2} \cdot dA_j \ ,$$

während die durchschnittliche Leuchtdichte des Flächenstückes A_i sich durch Mittelwertbildung über die Fläche zu

$$L_{A_i} = \frac{1}{A_i} \cdot \int\limits_{A_i} \left(L_{E_{A_i}} + k_{d_i} \cdot \sum_{j=1}^{N} \int\limits_{A_j} L_{P_j} \cdot \frac{\cos(\alpha_i) \cdot \cos(alpha_j)}{\pi \cdot r^2} \cdot dA_j \right) \cdot dA_i$$

ergibt.

3. Annahme:

Die Leuchtdichte aller Punkte P_j, die innerhalb vom Flächenstück A_j liegen, ist gleich.

Durch die obige Annahme ergibt sich dann aus

$$L_{A_i} = \frac{1}{A_i} \cdot \int_{A_i} L_{E_{A_i}} \cdot dA_i + \frac{1}{A_i} \cdot \int_{A_i} k_{d_i} \cdot \sum_{j=1}^{N} \int_{A_j} L_{A_j} \frac{\cos(\alpha_i) \cdot \cos(\alpha_j)}{\pi \cdot r^2} \cdot dA_j \cdot dA_i$$

durch Umstellung die Gleichung

$$L_{A_i} = L_{E_{A_i}} + k_{d_i} \sum_{j=1}^{N} L_{A_j} \cdot \frac{1}{A_i} \cdot \int_{A_i} \int_{A_j} \frac{\cos(\alpha_i) \cdot \cos(\alpha_j)}{\pi \cdot r^2} \cdot dA_j \cdot dA_i$$

$$= L_{E_{A_i}} + k_{d_i} \sum_{j=1}^{N} L_{A_j} \cdot F_{ij} \ .$$

Das Beleuchtungsmodell des Radiosity-Verfahrens ist somit relativ einfach aus der allgemeinen Leuchtdichte-Gleichung abzuleiten. Die Annahme der ausschließlichen diffusen Reflexion ist unserer Meinung nach zulässig. Damit beschränken sich zwar die möglichen Ausbreitungsarten des Lichts, dies ergibt aber eine bessere Berechnung der indirekten Beleuchtung. Die Annahme von der Konstanten Leuchtdichte über den Flächenstücken ist ebenfalls tragbar, wenn die Flächenstücke klein genug sind. Daß dies allerdings nicht immer durchgehalten werden kann, liegt daran, daß der Aufwand an Rechenleistung und der Speicherplatzbedarf immens wird. Da auch keine Trennung zwischen reflektierenden und emittierenden Oberflächen (lokale und globale Beleuchtungsereignisse) durchgeführt wird, ist das Beleuchtungsmodell in Bezug auf die bidirektionale Reflexion konsistent. Durch seine Konsistenz liefert dieses Verfahren eine zwar in den Effekten beschränkte, aber immerhin korrektere Simulation der Lichtausbreitung als das Ray-Tracing-Verfahren.

Das Radiosity-Verfahren kann unter der Voraussetzung, daß alle an einer Szene beteiligten Oberflächen ausschließlich diffus reflektieren, eine korrekte Simulation der Lichtausbreitung berechnen, wenn genügend Rechen- und Speicherplatzkapazität vorhanden ist.

6.2 Zusammenfassender Vergleich zwischen Ray-Tracing- und Radiosity-Verfahren

6.2.1 Vergleich der Bildqualität

An dieser Stelle kann kein objektives Kriterium zur Messung der Qualität angegeben werden, so daß wir diesen Vergleich auf eine Diskussion von subjektiv-ästhetischen Werten reduzieren.

Wenn die Bilder der beiden Verfahren miteinander verglichen werden, fallen als erstes die Glanzlichter, Spiegelungen und Brechungen bei den Bildern des Ray-Tracings auf, während bei Bildern, die durch das Radiosity-Verfahren generiert wurden, diese Effekte nicht vorhanden sind. Dadurch erscheinen die Bilder des Ray-Tracings strahlend und brilliant (was ihren großen Erfolg erklärt), während die Bilder des Radiosity-Verfahrens matt erscheinen. Andererseits sind beim Ray-Tracing die Teile der Bilder, die nicht direkt von einer Lichtquelle beleuchtet werden, durch die mangelhafte Modellierung der Interreflexion (ambientes Licht), strukturlos dargestellt. Bei dem Radiosity-Verfahren erhalten dagegen auch Teile der Szene, die im Schatten liegen, eine "natürliche" Plastizität. Der dritte markante Unterschied beider Verfahren ist die Darstellung der Schattengrenzen, die beim Ray-Tracing stets scharf begrenzt sind. Bei dem Radiosity-Verfahren sind diese Übergänge fließend, wodurch ein "natürlicherer" Eindruck entsteht.

Als nächstes Kriterium zur Beurteilung der Qualität von Bildern ist hier die Auflösung zu nennen. Die Auflösung sei als Maß für gerade noch unterscheidbare Einzelheiten in einem Bild definiert. Sie kann nicht größer sein, als die Auflösung des darstellenden Mediums (Anzahl der darstellbaren Pixel pro Flächeneinheit). Beim Ray-Tracing, bei der durch jedes Pixel ein Strahl verfolgt wird, ist damit die Auflösung gleich der Auflösung des verwendeten Mediums. Anders ist es bei dem Radiosity-Verfahren, bei dem die Beleuchtung der Szene unabhängig von der Auflösung des Ausgabegeräts berechnet wird. Hier sind die kleinsten unterscheidbaren Einheiten die Flächenstücke, die i.a. bei der Bildgenerierung auf sehr viel mehr als ein Pixel abgebildet werden[1]. Daher ist die Auflösung kleiner als die des Ausgabegerätes und damit auch kleiner als beim Ray-Tracing.

---

[1] Es lassen sich Gegenbeispiele finden, indem eine Szene in einer sehr großen Unterteilung berechnet und das Bild auf eine sehr kleine Fläche des Monitors projiziert wird.

6.2.2 Vergleich des Aufwandes

Beim Vergleich des Aufwandes beider Verfahren muß zwischen dem Bedarf an Speicherplatz und dem Bedarf an Rechenzeit unterschieden werden. Der Speicherplatzbedarf hängt beim Ray-Tracing linear von der Anzahl der Objekte der Szene ab, wobei die Objekte teilweise sehr kompakt gespeichert sind. Z.B. ist jede algebraische Fläche nur ein Objekt. Komplexere Objekte, die mehrfach in der Szene vorkommen (z.B. mehrere gleichartige Stühle), können durch Transformation aus einem "Musterobjekt" generiert werden. Dieses Muster muß nur einmal gespeichert werden, und eine Ausprägung diese Musters läßt sich durch eine Transformationsmatrix beschreiben. Bei der Radiosity-Methode wird die Szene in diskrete Flächenstücke aufgeteilt, die alle separat gespeichert werden müssen. Daher ist hier der Speicherplatzbedarf für die Speicherung der Szene linear abhängig von der gewünschten Auflösung der Bilder. Hinzu kommt der für die Formfaktoren benötigte Speicher, der quadratisch mit der Anzahl der Flächenstücke wächst. Wenn ein Mehraufwand an Rechenzeit in Kauf genommen wird, kann auf die Speicherung der Formfaktoren verzichtet werden, so daß es bei dem Platzbedarf zur Speicherung der unterteilten Szene bleibt. Grundsätzlich bleibt zu sagen, daß durch die kompakte Speicherung der Szene beim Ray-Tracing der Speicherplatzbedarf erheblich geringer ist als beim Radiosity-Verfahren.

Der Aufwand an Rechenzeit hängt beim Ray-Tracing in erster Linie von der Auflösung der erzeugten Bilder, d.h. der Anzahl der Pixel ab. Für jedes Pixel muß ein Strahl verfolgt werden, woraus eine lineare Abhängigkeit der Rechenzeit von der Größe des generierten Bildes folgt. Das Ray-Tracing besteht darin, denjenigen Schnittpunkt des betrachteten Strahls mit den Objekten der Szene zu bestimmen, der dem Auge am nächsten liegt und der Berechnung der Beleuchtung an diesem Schnittpunkt. Diese setzt sich zusammen aus der Beleuchtung durch jede Lichtquelle und dem Einfluß, der sich durch Weiterverfolgen des Strahls bei Spiegelungen und Brechungen ergibt. Daraus folgt ein Aufwand, der von der Schnittpunktberechnung, dem Weiterverfolgen des Strahls und linear von der Anzahl der Lichtquellen abhängt. Bei der Schnittpunktberechnung muß im einfachsten Fall der Schnittpunkt des Strahls mit jedem Objekt berechnet und anschließend der Schnittpunkt mit dem geringsten Abstand zum Auge ausgewählt werden.[2]

Diese lineare Abhängigkeit der Rechenzeit von der Anzahl der Objekte kann durch geeignete Suchverfahren bis auf logarithmische Abhängigkeit reduziert werden (siehe [GLAS84] und [FUJI86]). Der Aufwand für die Weiterverfolgung des "Sehstrahls" hängt stark von der gewählten Szene ab. Bei Punkten, die ausschließlich diffus reflektieren, wird nicht weiterverfolgt. Bei spiegelnden Flächen wird der Verlauf eines Strahls und bei transparenten Objekten werden zwei Strahlen berechnet (auch bei durchsichtigen Objekten wird immer ein Teil des Lichts reflektiert, so daß sowohl ein Transmissions- als auch ein Reflexionsstrahl verfolgt werden muß). I.a. wird die Anzahl der Reflexionen und Brechungen, die ein Strahl verursacht, begrenzt (Tiefenkontrolle). Es ergibt sich ein konstanter Aufwand in diffusen Szenen, in Szenen mit vielen spiegelnden Flächen steigt der Rechenaufwand linear mit der Anzahl der verfolgten Reflexionsstrahlen, und bei Szenen mit vielen transparenten Objekten steigt der Aufwand an Rechenzeit exponentiell mit der Anzahl der verfolgten Transmissions- und Reflexionsstrahlen. Also steigt der Rechenaufwand linear mit der Größe des Bildes und der Anzahl der Lichtquellen, logarithmisch mit der Anzahl der Objekte in der Szene und, je nach Szene, bis zu exponentiell mit der Anzahl der berücksichtigten Reflexionen und Refraktionen.

Bei dem Radiosity-Verfahren hängt der Aufwand an Rechenzeit hauptsächlich vom Berechnen der Formfaktoren und Lösen des Gleichungssystems ab. Beim konventionellen Radiosity-Verfahren muß jeder Formfaktor zwischen je zwei Flächen bestimmt werden, woraus sich eine quadratische Abhängigkeit der Rechenzeit von der Anzahl der Flächenstücke (Auflösung) ergibt. Für das direkte Lösen des Gleichungssystems ist ein Rechenaufwand nötig, der kubisch mit der Anzahl der Flächenstücke wächst, während für das iterative Lösen ein Aufwand anfällt, der quadratisch von der Anzahl der Flächenstücke abhängt.

Beim modifizierten Radiosity-Verfahren, bei dem die Größe und der Abstand zwischen zwei Flächenstücken berücksichtigt wird (siehe Kap. 5.4), reduziert sich der Aufwand zur Berechnung der Formfaktoren für große Auflösungen auf lineare Abhängigkeit von der Anzahl der Flächenstücke. Daraus folgt auch für das iterative Lösen des Gleichungssystems ein Aufwand, der linear mit der Auflösung wächst. Beim modi-

---

[2] Whitted gibt in [WHIT80] an, daß die Schnittpunktberechnung bis zu 90-95% der Gesamtrechenzeit einnnehmen kann.

fizierten Radiosity-Verfahren kommt als weiterer Parameter die geforderte Genauigkeit bei der Formfaktorberechnung hinzu. Folgende Betrachtung macht plausibel, daß der Rechenaufwand linear mit der geforderten Genauigkeit wächst, was sich auch durch unsere Tests bestätigt hat (siehe Tabelle 5.1) .

$$\frac{1}{\eta} = \delta \sim h^2 \sim A \sim \frac{1}{N}$$

Die geforderte Genauigkeit η ist der reziproke zulässige Fehler δ bei der Formfaktorberechnung. Dieser Fehler ist proportional dem Quadrat der größten zulässigen Ausdehnung h der Flächenstücke und damit auch der Fläche A der Flächenstücke, die ausgewertet werden. Die Anzahl N der ausgewerteten Flächenstücke ist wiederum umgekehrt proportional zur Fläche der einzelnen Stücke, woraus sich die lineare Abhängigkeit der Rechenzeit von der geforderten Genauigkeit ergibt.

In Tabelle 6.1 ist dargestellt, daß bei dem Radiosity-Verfahren - trotz der Reduktion der Rechenzeit auf lineares Wachstum - die absoluten Zeiten, die für ein Bild in hoher Auflösung und mittlerer Genauigkeit benötigt werden, um ein Vielfaches größer sind, als bei einem Bild, das mittels Ray-Tracing generiert wurde.

Die Zeiten des quantitativen Vergleichs in Tabelle 6.1 sollen nur als grobe Richtwerte gelten[3], weil wir der Meinung sind, daß dadurch keine Aussagen über die Effizienz der Verfahren gemacht werden kann, da die Resultate nicht vergleichbar sind. So hängen auch beide Verfahren von unterschiedlichen Parametern ab. Folgende Gründe sprechen ebenfalls gegen einen direkten Vergleich:

- Für das Ray-Tracing-Verfahren wurde eine Methode zur Reduktion von Schnittpunkttests eingesetzt. Für eine einfache Ray-Tracing-Methode wäre die Zeit weitaus größer. Zusätzlich ist die Rechenzeit sehr stark abhängig von der räumlichen Verteilung der Objekte der Szene und von der Blickrichtung der Kamera.

- Die Auflösungen (in Pixel bzw. in Flächenstücke) lassen sich nicht vergleichen.

---

[3] Unsere Programme laufen auf unterschiedlichen Rechnern: Unser Radiosity-Verfahren ist auf einer "SUN-Sparc Station 2" unter dem Betriebssystem "UNIX" implementiert, während unsere Ray-Tracing-Verfahren auf einem "AT 80386 mit 20 MHz" und einem "80387 Koprozessor" unter dem Betriebssystem "DR-DOS" realisiert wurden. Die "Sparc-Station 2" ist ca. sechs mal schneller als der "AT".

• Für jede Änderung des Blickwinkels muß beim Ray-Tracing die gesamte Berechnung erneut durchgeführt werden, während bei beim Radiosity-Verfahren nur die Szene erneut auf die Bildebene projiziert werden muß, wodurch sich große Vorteile bei einer Animation ("walk through systems") ergeben.

Tabelle 6.1
Vergleich der
Rechenzeiten

Verfahren	Rechenzeit
Ray-Tracing-Verfahren mit Phong-Modell (1024 x 768 Pixel)	ca. 1,5 Std. auf 80386-Rechner (entspricht ca. 15 Min auf Sparc-Station)
Ray-Tracing-Vefahren mit Blinn-Modell (1024 x 768 Pixel)	ca. 1,5 Std. auf 80386-Rechner (entspricht ca. 15 Min auf Sparc-Station)
Ray-Tracing-Vefahren mit Hall-Modell (1024 x 768 Pixel)	ca. 2,5 Std. auf 80386-Rechner (entspricht ca. 25 Min auf Sparc-Station)
Ray-Tracing-Vefahren mit Whitted-Modell (1024 x 768 Pixel)	ca. 2,5 Std. auf 80386-Rechner (entspricht ca. 25 Min auf Sparc-Station)
Radiosity-Verfahren mit 80000 Flächenstücke bei 5% zulässigem Fehler bei der Formfaktorberechnung (siehe Bild I.20)	ca. 22:30 Std auf Sparc-Station (ca. 19 Std für die Beleuchtungs Berechnung, ca. 2 Std für die Interpolation und ca. 30 Min für das Projizieren der Szene)

Ein wichtiger Unterschied beider Verfahren ist, daß beim Ray-Tracing die Berechnung nur auf den Betrachtungsstandpunkt bezogen ist, daher werden alle Beleuchtungsereignisse, die für den aktuellen Blickpunkt nicht relevant sind, vernachlässigt. Die Radiosity-Methode berechnet die Beleuchtung unabhängig von einem aktuellen Blickpunkt und muß daher auch jene Beleuchtungsereignisse einbeziehen, die auf einen gewählten Betrachtungsstandpunkt keinen Einfluß haben. Daraus ergibt sich zwar der größere Aufwand an Rechenzeit und Speicherplatz, aber auch der Vorteil bei der Änderung des Blickwinkels.

Kapitel 7

Erweiterungen der Verfahren

Wie gezeigt wurde, haben sowohl das Ray-Tracing-Verfahren als auch das Radiosity-Verfahren ihre Schwächen in der Modellierung der Ausbreitung des Lichts. In der Literatur wurden immer wieder Verbesserungen zur Überwindung dieser Schwächen vorgeschlagen. Im folgenden sind exemplarisch einige Methoden skizziert.

7.1 Erweiterungen für die Ray-Tracing-Verfahren

7.1.1 Verteiltes Ray-Tracing

Einige Einschränkungen der konventionellen Ray-Tracing-Verfahren überwindet das *verteilte Ray-Tracing* (im engl. distributed ray tracing), die von Cook et al. eingeführt wurde (siehe [COOK84]). Die Idee des verteilten Ray-Tracings basiert auf der Tatsache, daß Aliasing-Probleme bei konventionellen Ray-Tracing-Verfahren häufig mit einem Mehraufwand behoben werden. So werden z.B. die Pixel der Bildebene in Subpixel unterteilt, durch jedes dieser Subpixel wird ein Strahl gelegt und die Farbe des Pixels durch Mittelwertbildung der berechneten Leuchtdichten bestimmt. Bei diesem Vorgehen können gleichzeitig auch andere Parameter verändert werden, um einige Effekte zu erzielen, die sonst nicht ohne weiteres erreichbar sind. Tabelle 7.1 faßt die mit diesem Verfahren erzielbaren Effekte und die dazu veränderten Parameter zusammen.

Die Parameter werden nur in einem kleinen Wertebereich nach definierten Verteilungsfunktionen stochastisch verändert, so daß das notwendigerweise entstehende Rauschen im Bild nicht als störend emp-

Effekt	Parameter
weicher Schattenübergang (Penumbra)	Veränderung der Lichtquellenposition
undeutliche Spiegelbilder (Simulation von rauhen Oberflächen)	Veränderung der Richtung des reflektierten Strahls
undeutliche Brechungsbilder (Simulation von rauhen, durchsichtigen Körpern)	Veränderung der Richtung des gebrochenen Strahls
Tiefenschärfe	Einführung einer Kameralinse, von der aus die Strahlen starten
Bewegungsunschärfe	Veränderung der Objektpositionen

funden wird. Da die letzten beiden Einträge der obigen Tabelle für die Modellierung der Beleuchtung keine Rolle spielen, werden sie im folgenden nicht näher betrachtet.

Cook propagiert zur Veränderung der Parameter eine Methode, die er "jittering" nennt (siehe auch [COOK89]). Für die Verteilung der Strahlen, die durch die Bildebene gehen, unterteilt er jedes Pixel in Subpixel. Durch eine zufällig gewählte Position innerhalb jeden Subpixels wird ein Strahl gelegt und verfolgt. Dadurch ist gesichert, daß sich die zufällig gewählten Strahlen pro Pixel nicht an einer Stelle häufen, wenn die Anzahl der Strahlen, die durch jedes Pixel gesendet werden, niedrig ist.

Dieses Vorgehen kann auch für die Manipulation der reflektierten und gebrochenen Strahlen angewendet werden, indem der Bereich, in dem die Strahlen "verwackelt" werden, eingegrenzt wird. Dies geschieht, indem oberhalb des reflektierten Strahls eine begrenzte und unterteilte Ebene aufgespannt wird. Bei der Berechnung eines Subpixels wird dann durch das korrespondierende Feld dieser unterteilten Ebene an einer zufällig gewählten Position der "verwackelte" Strahl gelegt (siehe Abb. 7.2). Das Ergebnis der Verfolgung des "verwackelten" Strahls wird gewichtet, korrespondierend zu dem Term, der die lokale gerichtete Reflexion beschreibt (z.B. mit $\cos^m(\xi)$, wenn ξ der Winkel zwischen dem eigentlichen reflektierten Strahl $\mathbf{R}$ und dem "verwackelten" reflektierten Strahl $\mathbf{R}'$ ist). Wie der Wert eines Pixels mit dem verteilten Ray-Tracing ermittelt werden kann, ist in Abb. 7.1 dargestellt.

Gegenüber dem konventionellen Ray-Tracing ohne Antialiasing (ein Strahl pro Pixel) ist der Rechenaufwand um den Faktor der Subpixel größer. Cook gibt an, daß eine Aufteilung eines Pixels in $4 \times 4 = 16$ Subpixel in den meisten Fällen ausreichend ist, was dann eine 16 mal längere Berechnungszeit bedeutet.

```
color := 0;
FOR each subpixel DO

    determine a position for each lightsource;

    determine a random point on each subpixel and trace a
    ray through it (conventional);

    (when there is an intersection with an reflecting surface
    jitter the reflection ray and weight the result)

    add the result to color;

END;
color := color / number of subpixels;
```

Abb.7.1
Berechnung eines
Pixelwertes mittels
Verteilten
Ray-Tracings

Unter der Ausnutzung dieser Technik können auch Veränderungen an dem Beleuchtungsmodell vorgenommen werden.

Es sei von dem Hall'schen Beleuchtungsmodell (Gleichung 4.4.7.4) ausgegangen. Als Lichtquellenmodell kann nun das gleiche Modell genutzt werden, wie es die Radiosity-Methode verwendet (Lambert'sche, flächige Lichtquelle). Die Lichtquelle wird ebenfalls in Bereiche eingeteilt und für jeden Strahl eines Pixels ein anderer Bereich gewählt. Für die Berechnung der lokalen Terme L_{diffus}, $L_{r-spekular}$ und $L_{t-spekular}$ muß dann die Lichtstärke der Lichtquelle bestimmt werden (dies geschieht nach der lichttechnischen Formel 2.4.2.5, siehe auch Abb. 7.2):

$$I_{Lq} = L_{Lq} \cdot A_{Lq} \cdot \cos(\alpha).$$

L_{Lq} ist die Leuchtdichte und A_{Lq} die Fläche der Lichtquelle. α ist der Winkel zwischen der Normalen der Lichtquelle und dem Vektor $-\mathbf{L}$, der in Richtung des zu beleuchtenden Punktes zeigt.

Die beiden spekularen Terme $L_{r-spekular}$ und $L_{t-spekular}$ können auch ganz weggelassen werden, wenn flächige Lichtquellenmodelle eingesetzt werden. Die Glanzlichter ergeben sich dann, wenn die gestreuten Reflexions- und Transmissionsstrahlen die Lichtquelle treffen und die Leuchtdichte der Lichtquelle dann als L_r bzw. L_t eingesetzt wird. Dadurch, daß nicht immer alle Schattenfühler die Lichtquelle erreichen, entstehen weiche Schattengrenzen.

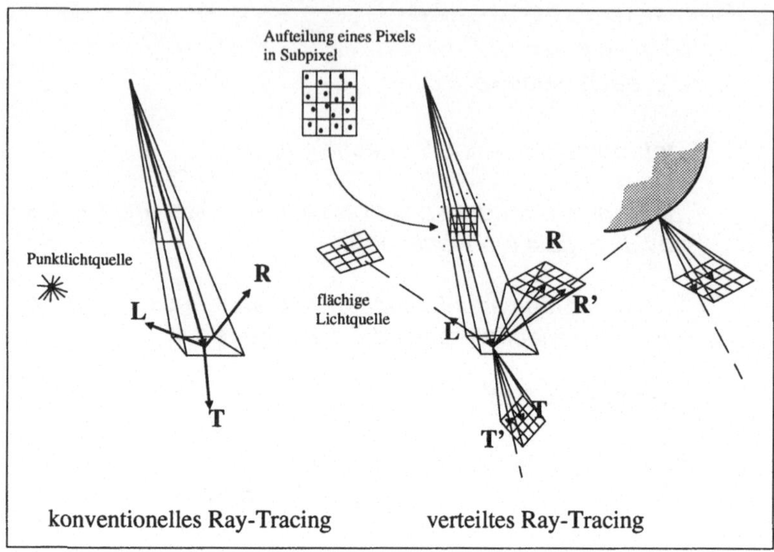

Obwohl dieses Verfahren bessere Resultate liefert als konventionelle Ray-Tracing-Verfahren, werden immer noch nicht alle Effekte berücksichtigt. So gibt es z.B. immer noch keine diffusen Interreflexionen und auch keine indirekte Beleuchtung über Reflexionen an spiegelnde Oberflächen.

7.1.2 Stochastisches Ray-Tracing

Das hier dargestellte Verfahren wurde von Kajiya in [KAJI86] vorgeschlagen. Er leitet es direkt aus seiner "rendering equation" (siehe Gleichung 4.2.2.1) ab, wobei das Integral nicht analytisch berechnet wird, sondern es wird durch eine angemessene Stichprobe mit Monte-Carlo-Methoden angenähert. Er nannte diese Methode "integral equation method", dies wurde von Lange (siehe [LANG89]) in *stochastisches Ray-Tracing* übersetzt.

Bei diesem Verfahren wird an jedem Schnittpunkt nur ein Strahl zur Berechnung der globalen Beleuchtung und ein Strahl zur Berechnung der lokalen Beleuchtung ausgesendet. Der Strahl zur Berechnung der lokalen Beleuchtung wird auf eine zufällig gewählte Position, die auf einer zufällig gewählten Lichtquelle liegt, gesendet und der Beitrag dieser Lichtquelle berechnet (falls der Schnittpunkt nicht im Schatten liegt). Ein weiterer Strahl wird in eine zufällige Richtung (ausgewählt nach einer Verteilungsfunktion, die von den Oberflächeneigenschaften des getroffenen Objektes abhängt) weiterverfolgt, um die indirekte Beleuchtung zu ermitteln. Wird ein Schnittpunkt ermittelt, so wird von diesem wieder ein Strahl zu einer Lichtquelle gesendet und ein weiterer in eine zufällige Richtung. Dieser Prozeß bricht ab, wenn eine bestimmte Tiefe in der Rekursion erreicht ist oder der Strahl zur Bestimmung der indirekten Beleuchtung ins Leere trifft. Damit ergibt sich durch die verfolgten Strahlen zur Berechnug der globalen Beleuchtung ein Pfad von Strahlen (siehe Abb. 7.3).

Da die Verfolgung eines Pfades pro Pixel zu einem sehr störenden Rauschen bei den generierten Bildern führen würde, werden mehrere Pfade durch jedes Pixel gelegt (Kajiya sendet 40 Pfade durch jedes Pixel), was zu einem enormen Anstieg an Rechenzeit im Vergleich zu konventionellem Ray-Tracing führen kann. Um die Anzahl der Pfade relativ niedrig halten zu können, wird ein Prinzip eingesetzt, das "importance sampling" genannt wird. Die Sekundärstrahlen werden nicht gleichmäßig über die Hemisphäre verteilt, sondern bevorzugt in "wichtige" Richtungen gesendet. Diese Richtungen liegen z.B. für diffus reflektierende Oberflächen um die Oberflächennormale herum und für spiegelnd reflektierende Oberflächen um den Reflexionsvektor herum. Die Aussendung eines Strahls in Richtung Lichtquelle entspricht ebenfalls diesem Prinzip. Würde die direkte Beleuchtung nicht berücksichtigt, sondern nur ein Strahl für die indirekte Beleuchtung ausgesendet werden (im Vertrauen darauf, daß ab und zu eine Lichtquelle getroffen wird), so wäre das Rauschen im Bild auch bei hoher Anzahl der Pfade pro Pixel noch sehr stark.

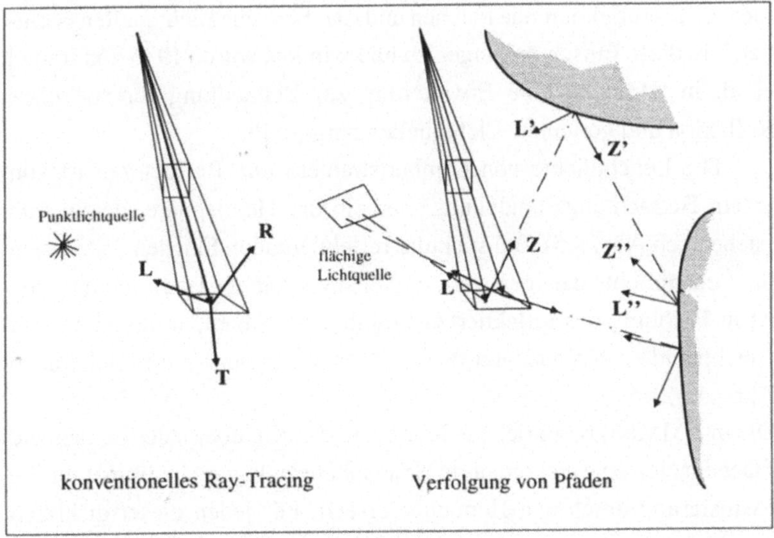

Abb.7.3
Stochastisches Ray-Tracing

Wird bei dieser Methode nur die diffuse Reflexion betrachtet, so ergibt sich folgendes Beleuchtungsmodell:

$$L(\lambda) \; = \; w_{Lq}{\cdot}k_d(\lambda){\cdot}(\mathbf{N}{\cdot}\mathbf{L}){\cdot}L_{Lq} + (1{-}w_{Lq}){\cdot}L_Z \; . \qquad 7.1.2.1$$

Der erste Term beschreibt die Leuchtdichte, hervorgerufen durch die direkte Beleuchtung einer Lichtquelle. Dieser Beitrag wird mit w_{Lq}, das den Raumwinkel der Lichtquelle im Verhältnis zum Raumwinkel der Hemisphäre ($= 2\pi$) beschreibt, gewichtet. Entsprechend wird der Beitrag der indirekten Beleuchtung mit ($1{-}w_{Lq}$) gwichtet. L_Z ist die Leuchtdichte aus der Richtung des Zufallsstrahls.

Mit diesem Verfahren können auch diffuse Interreflexionen und indirekte Beleuchtung über spiegelnde Oberflächen simuliert werden. Eine gute Simulation (d.h. das Rauschen wird nicht als störend empfunden) kann aber nur erhalten werden, wenn die Anzahl der Pfade pro Pixel sehr hoch ist. So gelang es uns nicht, eine Beleuchtung über einen spiegelnden Würfel zu realisieren, wobei das Rauschen als nicht störend empfunden wurde, trotz der Verwendung von 800 (!) Pfaden pro Pixel. Trotzdem ist es möglich, Bilder zu generieren, die denen gleichen, die vom Radiosity-Verfahren erzeugt werden. Die Ergebnisse des Radiosity-Verfahrens und dieses Verfahrens konvergieren gegen das gleiche Resultat.

7.2 Erweiterungen für das Radiosity-Verfahren

Die Radiosity-Methode ist in ihrer bisher beschriebenen Form nur für ideal diffus reflektierende Flächen und Lambertsche Lichtquellen geeignet. Um diese Einschränkungen zu überwinden, wurde 1986 von Immel et al. in [IMM86] eine Erweiterung zur Behandlung für spekulare Reflexion und gerichtete Lichtquellen dargestellt.

Die Leuchtdichte von Lambertstrahlern und Reflektoren ist von jedem Betrachtungsstandpunkt oberhalb der Hemisphäre gleich groß (siehe auch Abb. 4.5). Bei spekular reflektierenden Flächen ändert sich die Leuchtdichte dagegen stark in Abhängigkeit der Blickrichtung. Sie ist in Richtung des reflektierten Strahls am größten, während sie mit zunehmenden Abstand von dieser Richtung kleiner wird (siehe auch Abb. 4.6).

Die in [IMM86] beschriebene Idee besteht darin, über jedes betrachtete Flächenstück eine diskretisierte Hemisphäre zu legen, die Immel für die Realisierung durch den Hemicube ersetzt. Für jeden dieser diskreten

Raumwinkel wird die Leuchtdichte aus der Szene bestimmt (siehe Kap 5). Anschließend wird die Leuchtdichte des Flächenstücks in Richtung jedes "Pixels", in Abhängigkeit vom Reflexionsverhalten und der Leuchtdichte jedes "Pixels" dieses Hemicubes ermittelt (siehe Abb. 7.4).

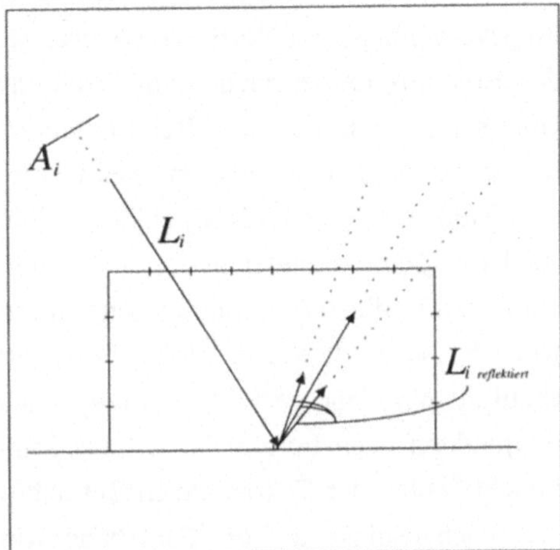

Abb.7.4
Diskretisierte spekulare
Reflexion

Bei dem spekularen Radiosity-Verfahren muß die Leuchtdichte einer Fläche in der globalen Richtung bestimmt werden. Bei den lokal ausgerichteten Hemicubes ist dazu jedesmal eine Transformation von den lokalen Koordinatensystemen der Sender- und Empfängerfläche nötig. Daher wird der Hemicube über jedem Flächenstück durch einen achsenparallelen Cube (Abtastwürfel) in globaler Ausrichtung ersetzt, wobei der Winkel der Flächennormale zum globalen Koordinatensystem zu berücksichtigen ist.

Zur Berechnung des Einflußes, den ein Flächenstück auf andere hat, stehen nun die richtungsabhängigen Leuchtdichten zur Verfügung. Bei gerichteten Lichtquellen wird vor Beginn der Berechnung der Cube mit den richtungsabhängigen Eigenleuchtdichten initialisiert, indem z.B. von den Lichtverteilungskurven auf die Leuchtdichteverteilung geschlossen wird (siehe Größen und Einheiten, Seite 11). Die Leuchtdichte des Flächenstücks A_i in Richtung *out* ergibt sich dann zu

$$L_{i,out} = L_{E_{i,out}} + \sum_{in=1}^{\#D} L_{i,in} \cdot R\,(M_i,in,out)\,, \qquad 7.2.0.1$$

wobei $\#D$ die Anzahl der diskreten Richtungen, $L_{E_{i,out}}$ die Eigenleuchtdichte des Flächenstücks A_i in Richtung *out*, $L_{i,in}$ die Leuchtdichte der

Szene aus Richtung *in*, und R (M_i,*in*,*out*) der Reflexionskoeffizient zwischen der Richtungen *in* und *out* unter der Berücksichtigung der Materialeigenschaften M_i der Fläche A_i ist.

Nachdem die Leuchtdichte für jede Richtung *out* und für jedes Flächenstück A_i bestimmt wurde, steht eine erste Näherung der Beleuchtungsverhältnisse zur Verfügung. Durch weitere Iterationen nähert sich das Ergebnis immer mehr dem Strahlungsgleichgewicht an, bis der Unterschied zwischen zwei Iterationsschritten so klein ist, daß die Beleuchtungsberechnung abgebrochen werden kann.

Zur Erzeugung des Bildes läßt sich die Leuchtdichte jedes Flächenstücks in Betrachtungsrichtung bestimmen. Da hier, ebenso wie beim einfachen Radiosity-Verfahren, eine Interpolation der Helligkeiten erwünscht ist, wird, wie in [IMM86] beschrieben, auf jedem Eckpunkt ebenfalls ein Cube gestellt, und die Leuchtdichteverteilung an diesen Eckpunkten nach Formel 7.2.0.1 bestimmt. Mittels Interpolation der Leuchtdichten der Eckpunkte in Betrachtungsrichtung und Projektion der Flächenstücke auf die Bildebene wird das Bild erzeugt. Dieses Verfahren läßt sich entsprechend dem klassischen Radiosity-Verfahren grob in vier Schritte unterteilen:

- Lesen und Unterteilen der Flächen.

- Berechnen des Strahlungsgleichgewichtes.

- Bestimmen der Leuchtdichteverteilung auf den Eckpunkten für die Interpolation.

- Erzeugen des Bildes.

Von diesen vier Schritten sind die ersten drei, ebenso wie beim einfachen Radiosity-Verfahren, unabhängig vom Betrachterstandpunkt. Lediglich die Erzeugung des Bildes muß bei einem Standortwechsel erneut vorgenommen werden.

Leider ist dieses Verfahren noch um ein Vielfaches aufwendiger als das normale Radiosity-Verfahren, da für jedes Flächenstück "viele" Leuchtdichten berechnet werden müssen. Außerdem hängt der Aufwand stark von dem benutzten Reflexionsmodell ab. So ist z.B. die ideal spiegelnde Reflexion (siehe auch Abb. 2.3) einfacher zu berechnen als die Reflexion nach dem Modell von Phong (siehe auch Abb. 4.6) oder sogar die von Blinn. Daher läßt die derzeitige Hardware nur eine sehr begrenzte Auflösung sowohl in der Fläche als auch in der Hemisphäre zu, woraus unbefriedigende Bilder resultieren.

7.3 Zwei-Phasen-Verfahren

Die Stärken des Radiosity-Verfahrens liegen bei der Berechnung der diffusen Interreflexion, während die Schwächen bei der gerichteten Reflexion liegen. Beim Ray-Tracing werden die gerichteten Reflexionen gut approximiert, die diffuse Interreflexion kann nur schwierig berechnet werden. Daher liegt der Versuch nahe, beide Verfahren miteinander zu kombinieren, und damit die Stärken beider Verfahren zu verbinden. Der erste Ansatz wurde in [WALL87] als Zwei-Phasen-Verfahren beschrieben. Die erste Phase berechnet die standortunabhängige diffuse Beleuchtung in der Szene mittels Radiosity-Verfahren, während in einer zweiten Phase die Ergebnisse der ersten Phase benutzt werden um die standortabhängigen spekularen Reflexionen und Refraktionen mittels Ray-Tracing zu berechnen. Dazu wird die Interaktion von Licht zwischen zwei Flächen in vier Übertragungsmechanismen aufgeteilt (siehe Abb. 7.5).

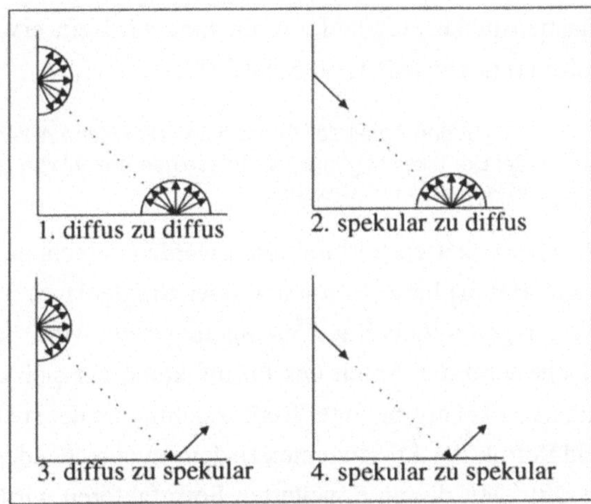

Abb.7.5
Transportmechanismen
des Lichts

Der erste Fall kann mit dem klassischen Radiosity-Verfahren modelliert werden. Die Fälle, in denen Licht von einer diffus reflektierenden zu einer spekularen Fläche und Licht zwischen zwei spekularen Flächen übertragen wird (Bild 3 und 4 in Abb. 7.5), können mit dem Ray-Tracing modelliert werden. Es bleibt der Fall zu behandeln, in dem von einer spekularen Fläche Licht auf eine diffuse Fläche übertragen wird. Dazu wird ein erweiterter Formfaktor eingeführt, der zusätzlich zum Licht, das zwischen zwei diffusen Flächen direkt ausgetauscht wird, noch den Anteil berücksichtigt, der über eine spekulare Fläche die Empfängerfläche erreicht:

$$F'_{ij} = F_{ij(direkt)} + F_{ij(\text{über eine spekulare Fläche})} \, .$$

Dieser spekulare Anteil wird berechnet, indem "hinter dem Spiegel" eine "virtuelle Szene" aufgebaut wird. Der zusätzliche Teil des Formfaktors ergibt sich dann als Formfaktor zwischen der gespiegelten "virtuellen" Senderfläche und der Empfängerfläche, wobei der Spiegel wie ein Fenster behandelt wird.

Dieses Verfahren hat den Nachteil, daß die Spiegel planar sein müssen und keine Mehrfachspiegelungen für die diffuse Beleuchtung berücksichtigt werden können.

Dieser erste Ansatz wurde in [SILL89] erweitert. In dem Zwei-Phasen-Verfahren von Sillion et al. werden die Einschränkungen des ersten Ansatzes aufgehoben. Hier wird die Reflexion in einen ideal diffusen Anteil und einen ideal spekularen Anteil aufgeteilt. Weiter wird vorausgesetzt, daß alle Emissionen ausschließlich diffus sind. Für die erste Phase (nach dem Radiosity-Verfahren) werden die Flächen in kleine Flächenstücke aufgeteilt. Auch hier wird ein erweiterter Formfaktor definiert (siehe [SILL89] Seite 338):

> "F'_{ij} gibt den Anteil der Energie an, der Fläche A_j verläßt und die Fläche A_i unter Berücksichtigung einer beliebigen Anzahl von spekularen Reflexionen und Refraktionen erreicht."

Diese erweiterten Formfaktoren werden berechnet, indem die diskretisierte Hemisphäre (Hemicube oder Singleplane) in jede der diskreten Richtungen mittels Ray-Tracing abgetastet wird. Beim Erreichen einer Fläche wird der Anteil des Formfaktors, der sich durch den diskreten Raumwinkel ergibt, unter Berücksichtigung der spekularen Reflexions- und Refraktionskoeffizienten zu dem entsprechenden Formfaktor hinzugezählt. Mit diesen erweiterten Formfaktoren wird das Gleichungssystem für das Radiosity-Verfahren aufgestellt und gelöst. Damit ergibt sich die betrachtungsunabhängige diffuse Beleuchtung der Szene unter Berücksichtigung der indirekten Beleuchtung über spekulare Flächen. In der zweiten Phase werden die standortabhängigen Helligkeiten mittels einfachem Ray-Tracing berechnet. Trifft der Strahl eine Fläche, so ist der Helligkeitswert gleich dem in der ersten Phase berechnetem diffusen Anteil plus dem Anteil, der sich durch Weiterverfolgen der spekularen Strahlen ergibt. Der Einfluß der Lichtquellen braucht nicht mehr berücksichtigt werden, da dieser bereits in der ersten Phase berechnet wurde. Daher ist die Rechenzeit für die zweite Phase unabhängig von der Anzahl der Lichtquellen und es muß keine Schattenberechnung vorgenommen werden. Die für das Radiosity-Verfahren vorgegebene Aufteilung der Szene in Flächenstücke ist für das Ray-Tracing nicht notwendig, dadurch ist es möglich mit Flächen beliebiger Geometrie (für die ein Schnittpunkttest definiert ist) zu rechnen und der Aufwand für das Ray-Tracing, der von der Anzahl der Objekte in der Szene abhängt, wird reduziert.

Dieses Verfahren läßt sich auf nicht ideal spekulare Reflexion und Refraktion erweitern, indem anstelle des einfachen Ray-Tracings ein verteiltes Ray-Tracing eingesetzt wird. Damit können auch undeutliche Spiegelbilder erzeugt werden, bei gleichzeitiger "richtiger" Simulation der diffusen Interreflexion.

Kapitel 8

Schlußbemerkungen

Nachdem nun zwei Verfahren zur Generierung synthetischer Bilder und das Bemühen darum, diese zu erweitern bzw. zu verbinden, dargestellt wurden, stellt sich die Frage, wozu dieser Aufwand getrieben wird? Gibt es überhaupt einen Bedarf an synthetischen Bildern?

Zur Beantwortung dieser Frage sei Tabelle 8.1 betrachtet. Diese Tabelle stellt die Bereiche und den Zweck der Bilder dar.

Anwendungsbereich	Anwendungszweck
CAD-Bereich, Konstruktion, Design	Der Konstrukteur bzw. Designer kann den Gegenstand des Entwurfs von verschiedenen Blickwinkeln betrachten.
technisch-wissenschaftliche Visualisierung	Visualisierung ist eine Methode, um unüberschaubare Datenmengen anschaulich darzustellen.
(Fahr-, Flug-) Simulatoren	Zur Simulation einer (natürlich wirkenden) Umgebung, in der sich das Fahr- bzw. Flugzeug befindet.
Medizin	Es können z.B. Daten visualisiert werden, die aus einer Computertomographie gewonnen wurden, um anhand dessen eine Diagnose zu erstellen.
Werbegraphik, Unterhaltungsindustrie	Hier werden Computergraphiken zur Darstellung und Animation fiktiver Gegenstände und Figuren benutzt.

Tabelle 8.1
Anwendungsbereiche
für Synthetische Bilder

Wie in [HOF89] dargelegt, sollte die Erstellung eines Bildes von seinem Inhalt her erfolgen. Dies bedeutet, daß die Technik der Synthese dem Zweck der Anwendung untergeordnet ist. Betrachten wir die obige

Tabelle unter diesem Gesichtspunkt, so wird klar, daß eine beleuchtungstechnisch genaue Darstellung der Gegenstände in den meisten Fällen überflüssig ist.

Viele Visualisierungen, gerade im technisch-wissenschaftlichen Bereich, sollen der Gewinnung von Erkenntnissen dienen. Häufig ist für diesen Zweck eine einfache Darstellung mit verdeckten Kanten bzw. konstant oder interpoliert eingefärbten Polygonen mit verdeckten Flächen vollkommen ausreichend. Auch in der Werbeindustrie wird meist keine genaue Simulation der Lichtverhältnisse benötigt, sondern mehr (oder weniger) "ansprechende" Bilder. Hersteller könnten sogar Interesse an idealisierten Annahmen bezüglich Geometrie und Beleuchtung bei der Präsentation ihrer neuesten Produkte haben.

In der heutigen Forschung gibt es auf diesem Gebiet zwei Bereiche: Zum einen wird versucht, die Bildgenerierungszeit zu senken, indem vorhandene Techniken in Hardware implementiert werden, während auf der anderen Seite der Schwerpunkt auf die Nachahmung des physikalischen Verhaltens des Lichts gelegt wird. Unserer Meinung nach haben beide Bereiche ihre Berechtigung. Es sollte jedoch klar sein, daß die sehr aufwendige Simulation der physikalisch "richtigen" Lichtausbreitung nur in einem kleinen Bereich Anwendung findet.

So ist z.B. der Bereich Architektur/Beleuchtungstechnik ein Anwendungsgebiet der genauen Simulation der Lichtausbreitung. Die Simulation muß aber nicht unbedingt ein Bild als Resultat der Berechnungen haben, kann aber mit Hilfe eines Bildes die Ergebnisse visualisieren[1]. Fragestellungen aus diesem Bereich entstehen in der Planung:

- Wird der eine oder andere Bereich eines Raumes genügend ausgeleuchtet? Ist die indirekte Beleuchtung ausreichend?

- Kann das eine oder andere Material als Straßenbelag dienen, oder entstehen störende Reflexionen? Müßte die Beleuchtungsanlage geändert werden?

Mit Hilfe von Radiosity- und Ray-Tracing-Verfahren können solche Fragen schon innerhalb der Planungsphase beantwortet werden. M. Groß et al. haben z.B. in [GROSS91] ein System zur Simulation von Straßen-

---

[1] So lassen sich z.B. Blendungseffekte mit Hilfe gebräuchlicher Monitore nicht darstellen, wohl aber aus einer Tabelle ablesen. Eine andere Möglichkeit wäre die Darstellung in einem Falschfarbenbild, in dem jeder Farbe eine Leuchtdichte zugeordnet ist.

beleuchtungsanlagen darstellt, das auf genau diese Verfahren zurück-
greift.

Wie im sechsten Kapitel gezeigt wurde, ist das einfache Ray-Tracing-Verfahren nicht dazu geeignet, genaue Beleuchtungsberechnungen
durchzuführen, kann aber, wie im siebten Kapitel beschrieben, erweitert
werden. Das einfache Radiosity-Verfahren hat den Nachteil, daß spiegelnde Reflexionen nicht modelliert werden können. Immel et al. (siehe
[IMM86]) stellten eine Methode vor, wie dieser Nachteil aufgehoben
werden kann, die aber sehr speicherplatz- und rechenzeitintensiv ist. Es
bleibt noch zu prüfen, ob ein ähnlicher Ansatz für das Ray-Tracing
effizienter wäre.

Zum Abschluß dieser Betrachtung wird nach einem effizienten
Verfahren zur Lösung der Leuchtdichte-Gleichung (siehe Gleichung
4.2.2.9) gesucht. Wie die Leuchtdichte-Gleichung mit Hilfe des Ray-
Tracings gelöst werden kann, wird im folgenden kurz skizziert.

Für jeden gefundenen Schnittpunkt muß die Hemisphäre diskretisiert werden (siehe Abb. 8.1), um das Integral anzunähern. Durch jedes
Raumwinkelelement der diskretisierten Hemisphäre wird ein Strahl
gelegt und die einfallende Beleuchtung berechnet. Durch Summation
wird dann eine Approximation des Integrals erhalten. Die Leuchtdichte
in eine bestimmte Richtung $L(\theta,\varphi)$ ergibt sich zu

$$L(\theta,\varphi) = L_E(\theta,\varphi) + \sum_{in=1}^{\#D} R_b \cdot L(\theta',\varphi') \cdot \cos(\theta') \cdot \Delta\omega_{in} \, .$$

#D gibt die Anzahl der betrachteten Raumwinkelelemente an, während
alle anderen Bezeichner durch die Leuchtdichte-Gleichung beschrieben
sind.

Bei diesem Vorgehen ist zu erwarten, daß der Rechenaufwand für
eine feine Unterteilung der Hemisphäre sehr groß wird, da die Beleuch-

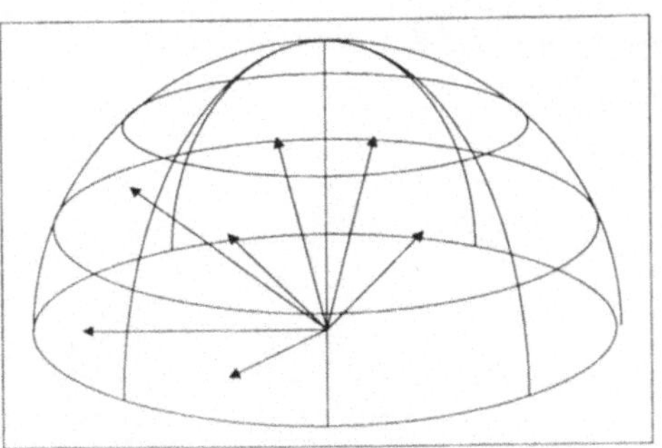

Abb. 8.1
Abtastung der diskreti-
sierten Hemisphäre

tungsberechnung rekursiv durchgeführt werden muß. Der Vorteil dieses Verfahrens liegt jedoch in der allgemeinen Berechnung der Beleuchtung, die alle Transportmechanismen beinhaltet und in in einer Phase durchgeführt werden kann.

Durch geeignete Annahmen kann der Aufwand etwas reduziert werden:

- In Abhängigkeit von R_b werden die Raumwinkelelemente, durch die ein Strahl gelegt wird, ausgewählt. So sind bei nahezu ideal spiegelnden Oberflächen nur die Richtungen um den Reflexionsvektor herum von Interesse, während bei diffus reflektierenden Oberflächen eine gleichmäßige Abtastung der Hemisphäre erwünscht ist.

- Wird die Hemisphäre in Abhängigkeit der Rekursionstiefe weniger unterteilt, so kann die Breite des entstehenden Strahlenbaums reduziert werden.

Durch genauere Untersuchungen würden sich evtl. noch andere Annahmen finden lassen, die den Aufwand reduzieren, aber nicht die Allgemeinheit dieser Methode beschränken.

Computer-generierte Bilder

In diesem Anhang zeigen wir Bildbeispiele für die in diesem Buch dargestellten Verfahren. Die Bilder wurden auf verschiedenen Rechnern modelliert, jedoch auf dem gleichen Ausgabemedium erstellt.

Unsere Programme sind als Experimentierfeld zum Testen der unterschiedlichen Techniken und nicht als einheitliches Softwareprodukt entwickelt worden. So wurden die Bilder des Radiosity-Verfahrens mit spektraler Abtastung berechnet. Die diskreten Spektren wurden ins XYZ-System und weiter in das RGB-System transformiert. Die mittels Ray-Tracing erzeugten Bilder wurden direkt im RGB-System berechnet.

Für die Interpolation beim Radiosity-Verfahren wurde der im Studiengang Informatik des Fachbereich 3 der Universität Bremen entwickelte und implementierte R*-Baum benutzt, der uns von N. Beckmann zur Verfügung gestellt wurde (siehe auch [BECK90]).

I.1   Mit dem Radiosity-Verfahren erzeugte Bilder

Die Szene für die folgenden Bilder ist nicht nach ästhetischen, sondern nach praktischen Gesichtspunkten gewählt:

- Es sollen die Farbüberblendungen gezeigt werden, daher die bunten Wände.

- Die Szene soll nicht zu kompliziert zu modellieren sein, das bedeutet für das Radiosity-Verfahren große planare Flächen.

Bild I.2 zeigt die gleiche Szene wie das Bild I.1 um 90° gedreht. Deutlich sind die Farbüberblendungen der blauen und roten "Wand" am "Boden" und der "Decke" zu erkennen. Die blaue Farbe an der Seite des "Tisches" entsteht durch die Reflektion der blauen "Wand". Die folgenden Bilder sind so gewählt, daß jeweils ein Parameter des Strahlungsverfahrens verändert wurde, um deren Effekte deutlich zu machen.

Bild I.1
Die Testszene

Bild I.2
Die Testszene um 90°
gedreht

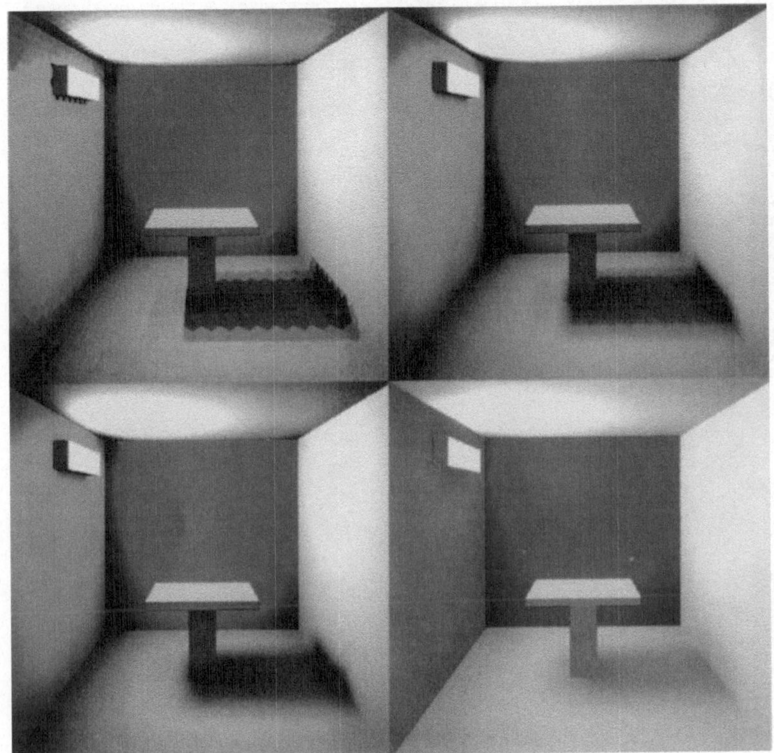

Bild I.3
Nicht Interpoliert

Bild I.4
Radius << Umfang

Bild I.5
Radius = Umfang / 4

Bild I.6
Radius = Umfang / 2

Anhand dieser Bilder soll der Einfluß der Interpolation gezeigt werden. Als Vergleich ist das Bild I.3 ohne Interpolation dargestellt. Für die Interpolation werden die Leuchtdichten aller einem Punkt benachbarten Flächenstücke gemittelt und diesem Punkt zugeordnet. Als benachbart gelten alle Flächenstücke, die einen Eckpunkt haben, der weniger als ein vorgegebener Abstand vom untersuchten Punkt entfernt ist und der gleichen Ausgangsfläche angehören. Als Maß für den Interpolationsradius wurde der maximale Umfang der Flächenstücke gewählt. Bild I.4 zeigt die Interpolation bei sehr geringem Abstand. Die Strukturen der Diskretisierung der Szene sind nicht vollkommen beseitigt, insbesondere treten die "Sägezähne" an den Schattengrenzen, die durch die Triangulierung der Szene entstehen, noch deutlich hervor. In Bild I.5 ist unserer Meinung nach ein Kompromiß gefunden worden, bei dem die störenden Artefakte der Diskretisierung weitestgehend verschwunden sind, aber die Strukturen der Beleuchtung noch nicht soweit wie in Bild I.6 verwischt sind.

Bild I.7
Nach der 1. Iteration

Bild I.8
Nach der 2. Iteration

Bild I.9
Nach der 4. Iteration

Bild I.10
Nach der 10. Iteration

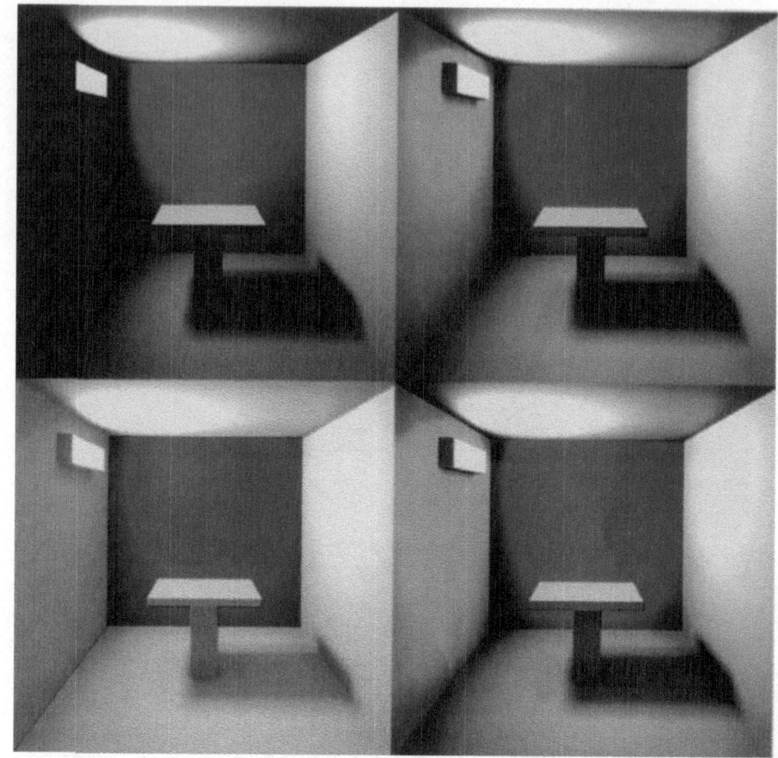

Die Bilder dieser Seite zeigen die Beleuchtungssituation nach unterschiedlichen Iterationsschritten. Bild I.7 zeigt die Beleuchtung nach dem 1. Schritt: Es sind nur die durch eine Lichtquelle direkt beleuchteten Flächen erhellt. Dies entspricht der Beleuchtung bei dem Ray-Tracing (siehe Bild I.29 und Bild I.30). Das Bild I.8 zeigt die Situation nach der 2. Iteration: Auch die indirekt beleuchteten Flächen treten in Erscheinung, die Beleuchtung ist aber noch nicht im Strahlungsgleichgewicht. In Bild I.9 ist die Beleuchtung nach der 4. und in Bild I.10 nach der 10. Iteration dargestellt. Es ist nur noch ein geringer Unterschied zwischen den beiden Bildern zu erkennen, daher kann angenommen werden, daß das Strahlungsgleichgewicht genügend genau angenähert wurde.

Als Abstand zwischen den Schritten haben wir die Summe der Leistungsdifferenzen zwischen zwei Iterationsschritten auf die Summe der

Leistungen im Grundzustand (die Flächen haben nur die Eigenleuchtdichte) bezogen:

$$\varepsilon = \frac{\sum\limits_{i=1}^{N} |L_{i,n} - L_{i,n-1}| \cdot A_i}{\sum\limits_{i=1}^{N} L_{i,o} \cdot A_i} \; .$$

Wobei ε den Abstand zwischen den Iterationsschritten und $L_{i,n}$ die
Leuchtdichte des Flächenstücks A_i nach der n-ten Iterations ist. Danach
sind die Abstände für

- Bild I.7 nach der 1. Iteration ca. 45%

- Bild I.8 nach der 2. Iteration ca. 15%

- Bild I.9 nach der 4. Iteration ca. 1.5%

- Bild I.10 nach der 10. Iteration ca. 0.002%

Als Abbruchkriterium der Iteration wurde für die weiteren Bilder ein
Abstand < 1% gewählt, da die Bilder I.9 (1.5%) und I.10 (0.002%) kaum
von einander abweichen.

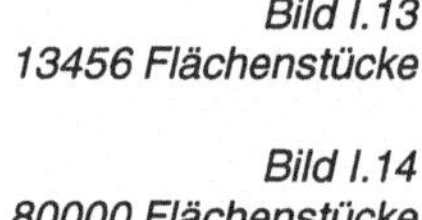

Bild I.11
126 Flächenstücke

Bild I.12
1754 Flächenstücke

Bild I.13
13456 Flächenstücke

Bild I.14
80000 Flächenstücke

Auf dieser Seite wird der Einfluß der Unterteilung in Teilflächen gezeigt. Die Helligkeiten der Flächenstücke sind nicht interpoliert, um alle Strukturen, aber auch alle Fehler in der Beleuchtung zu zeigen. Während in Bild I.11 die Auflösung noch sehr grob ist, und damit auch die Beleuchtungssituation nur sehr grob angenähert wird, ist in Bild I.14 die Auflösung bereits so groß, daß fast auf eine Interpolation verzichtet werden kann.

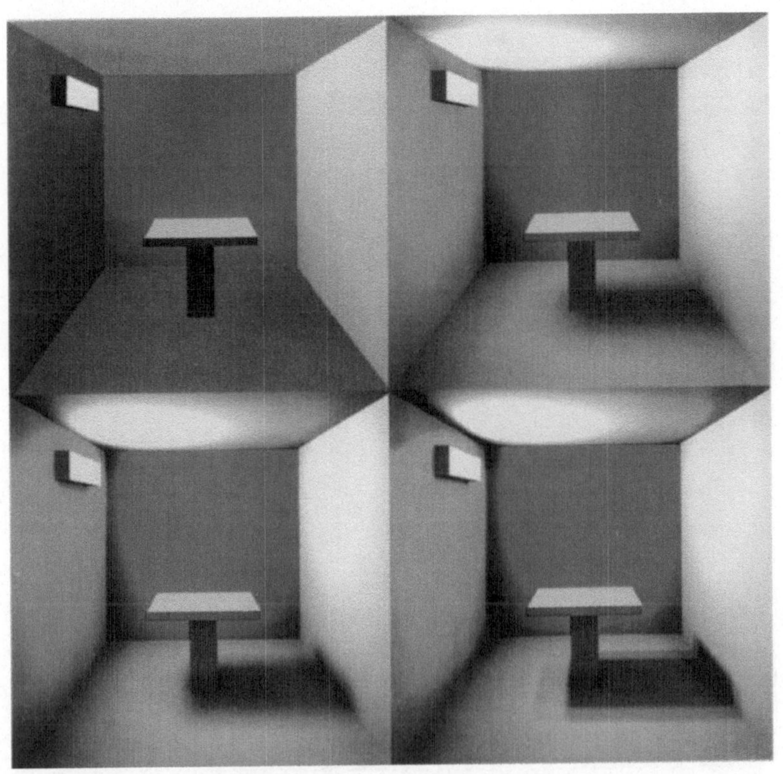

Bild I.15
126 Flächenstücke
mit Interpolation

Bild I.16
1754 Flächenstücke
mit Interpolation

Bild I.17
13456 Flächenstücke
mit Interpolation

Bild I.18
80000 Flächenstücke
mit Interpolation

Hier werden die gleichen Berechnungen wie auf der vorherigen Seite gezeigt, wobei die Helligkeiten der einzelnen Flächenstücke mit den Helligkeiten der Nachbarstücke interpoliert werden. Es ist deutlich zu erkennen, daß durch die Interpolation einerseits die Bilder gleichmäßiger und glatter wirken (was der Zweck der Interpolation ist), andererseits gehen auch Strukturen, die auf den Bildern der vorherigen Seite bereits deutlich zu erkennen sind, verloren. Daher auch die Schwierigkeiten bei der Interpolation: Einerseits sollen die Strukturen, die durch die Diskretisierung der Szene entstehen, verwischt werden, andererseits sollen die Strukturen, die sich aus der Beleuchtung ergeben, erhalten bleiben.

Bild I.19
Fehler < 10%

Bild I.20
Fehler < 5%

Bild I.21
Fehler < 2%

Bild I.22
Fehler < 1%

Auf dieser Seite wird der Einfluß der Genauigkeit auf die Formfaktor-berechnung dokumentiert. Die Bilder sind mit zunehmender Genauig-keit gerechnet, d.h. für das fotometrische Entfernungsgesetz wurden zunehmend geringere Fehler zugelassen (siehe Aufwandsreduktion Kap. 5.4). Dies bedeutet, daß die Beleuchtung jedes Flächenstücks mit zuneh-mender Genauigkeit von immer kleineren Senderflächen ausgeht und damit die Beleuchtung insbesondere an den Schattengrenzen differen-zierter wird.

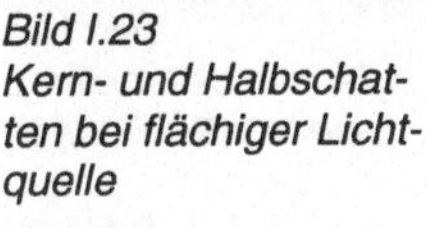

*Bild I.23
Kern- und Halbschatten bei flächiger Licht-quelle*

*Bild I.24
Simulation einer
Punktlichtquelle*

Mit diesen beiden Abbildungen soll die Auswirkung der Lichtquelle auf die Schattenübergänge deutlich gemacht werden. Bild I.23 zeigt die deutliche Trennung von Kern- und Halbschatten bei der Beleuchtung durch eine flächige Lichtquelle. Der Kernschatten verjüngt sich mit zunehmender Entfernung vom Objekt. Der Halbschatten dagegen weitet sich mit zunehmender Entfernung vom Objekt aus. Bei dem Bild I.24 wurde eine Punktlichtquelle simuliert (eine Flächenlichtquelle mit sehr geringer Ausdehnung). Hier zeigt sich deutlich der erwartete scharfe Rand des Kernschattens und der fast fehlende Halbschatten. Der bei der Interpolation zu erwartende falsche weiche Übergang zwischen Schatten und Licht (bei einer Punktlichtquelle) wird durch die massive Unterteilung in 80000 Flächenstücke verringert.

Bild I.25
Adaptive Unterteilung
bei 13191 Flächen

Bild I.26
Konstante Unterteilung
bei 13191 Flächen

Bild I.27
Konstante Unterteilung
bei 80000 Flächen

Bild I.28
Fehler bei der
Interpolation

Anhand der Bilder dieser Seite soll der Einfluß der adaptiven Unterteilung gezeigt werden (siehe Kap 5.3). Bild I.25 zeigt die Szene mit der "Punktlichtquelle", die mittels adaptiver Unterteilung (Flächen mit großem Helligkeitsgradienten werden stärker unterteilt) aufgeteilt wurde. Bild I.26 zeigt die gleiche Szene mit der gleichen Anzahl an Flächenstücken,wobei die Flächen gleichmäßig unterteilt sind. Deutlich ist hier der noch fehlerhaft weiche Schattenrand zu erkennen, der bei der adaptiven Unterteilung bereits klar begrenzt ist. Erst bei einer ca. 6 mal größeren Anzahl der Flächenstücke zeigt sich bei der konstanten Unterteilung ein vergleichbares Bild (siehe Bild I.27).

Das Bild I.28 zeigt den Fehler bei der Interpolation, wenn bei der adaptiven Unterteilung Bereiche mit unterschiedlich großen Flächenstücken aneinander grenzen.

I.2   Mit dem Ray-Tracing-Verfahren erzeugte Bilder

Bild I.29
Ray-Tracing mit dem
Phong-Modell

Bild I.30
Verteiltes Ray-Tracing

Bild I.31
Stochastisches Ray-Tracing

Bild I.32
Radiosity-Verfahren mit
80000 Flächen

An dieser Stelle haben wir versucht die Szene, die von den vorigen Bildern bekannt ist, mit Hilfe des Ray-Tracing-Verfahrens darzustellen.

Im Bild I.29, berechnet mit Hilfe des Phong-Modells, wurde die flächige Lichtquelle durch sechs Strahler ersetzt (auf jedem Eckpunkt einer, und einen auf der jeweils längsten Kante). Der Eindruck der flächigen Lichtquelle wird durch ein Flächenstück mit hoher ambienter Beleuchtung simuliert. Der spiegelnde Reflektionskoeffizient ist gleich Null gesetzt, so daß nur die diffuse Reflektion berechnet wird.

Bild I.30 wurde mit dem verteilten Ray-Tracing mit einer Abtastung von 16 Strahlen pro Pixel erzeugt. Die Lichtquelle wurde als flächige Lichtquelle modelliert. Es ist deutlich ein weicher, aber verrauschter, Schattenübergang zu erkennen.

Für diese beiden Bilder ist die Abstandsfunktion $f(r) = \frac{1}{r}+1$ gewählt worden.

Zur Erstellung des Bildes I.31 wurde stochastisches Ray-Tracing mit 40 Pfaden pro Pixel eingesetzt. Während bei den ersten beiden Bildern die indirekte Beleuchtung fehlte (siehe grüne Wand und strukturloser Schatten), ist bei diesem Bild die indirekte Beleuchtung erkennbar. Dafür zeigt dieses Bild deutlich das bei diesem Verfahren entstehende Rauschen. Die veränderte Beleuchtung der Decke liegt nicht nur am modifizierten Verfahren, sondern auch an der Abstandsfunktion $f(r) = \frac{1}{r^2}$.

Die Rechenzeiten sind zunehmend.

Zum Vergleich ist in dieser Serie noch einmal ein Bild zu sehen, das vom Radiosity-Verfahren erzeugt wurde. Die Parameter für dieses Bild sind 80000 Flächenstücke und 1% Fehler.

Bild I.33
Phong-Modell

Bild I.34
Blinn-Modell

Auf dieser Seite ist eine simple Szene abgebildet, die einmal mit dem Phongschen und einmal mit dem Blinnschen Beleuchtungsmodell dargestellt wurde.

Der Boden ist ausschließlich diffus reflektierend und damit in beiden Bildern gleich aussehend. Die Kugel simuliert eine Reflektion von Gold, der liegende Zylinder die von Kunststoff.

Auffallend ist die unterschiedliche Reflexion auf der Kugel. Beim Blinn-Modell ist die spiegelnde Reflexion am oberen Rand der Kugel weiß (wegen der Fresnelschen Formel, nach der die Farbe vom Einfallswinkel abhängt), während beim Phong-Modell alle spiegelnden Reflexionen die gleiche gelbliche Farbe haben.

Durch die Verwendung von zwei Lichtquellen sind die Schatten aufgehellt und die scharfen Ränder erscheinen nicht als störend.

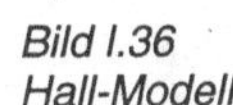

Bild I.35
Whitted-Modell

Bild I.36
Hall-Modell

Die gleiche Szene ist in Bild I.35 und I.36 mit dem Whittedschen und dem Hallschen Beleuchtungsmodell abgebildet, wobei der Zylinder nun Glas simuliert.

Bei dem Whittedschen Beleuchtungsmodell sind an den Rändern des Zylinders deutlich zwei dunkle Streifen zu erkennen. Diese resultieren daher, daß an dieser Stelle im Zylinder Totalreflexion auftritt, die von diesem Modell nicht ausreichend modelliert wird. Das Hall'sche Beleuchtungsmodell überwindet diese Schwäche durch Berücksichtigung der Fresnelschen Reflexion. Zusätzlich wird bei dem Hallschen Beleuchtungsmodell die lokale gerichtete Transmission modelliert. Dies ist an dem Glanzlicht in der unteren Mitte des Zylinders zu beobachten. Auch die wellenlängenabhängige Farbverschiebung durch die Fresnelsche Reflexion zeigt sich auf der rechten Seite der Kugel (auf der linken Seite der Kugel wird dies durch die gelbliche diffuse Reflexion nicht so deutlich).

115

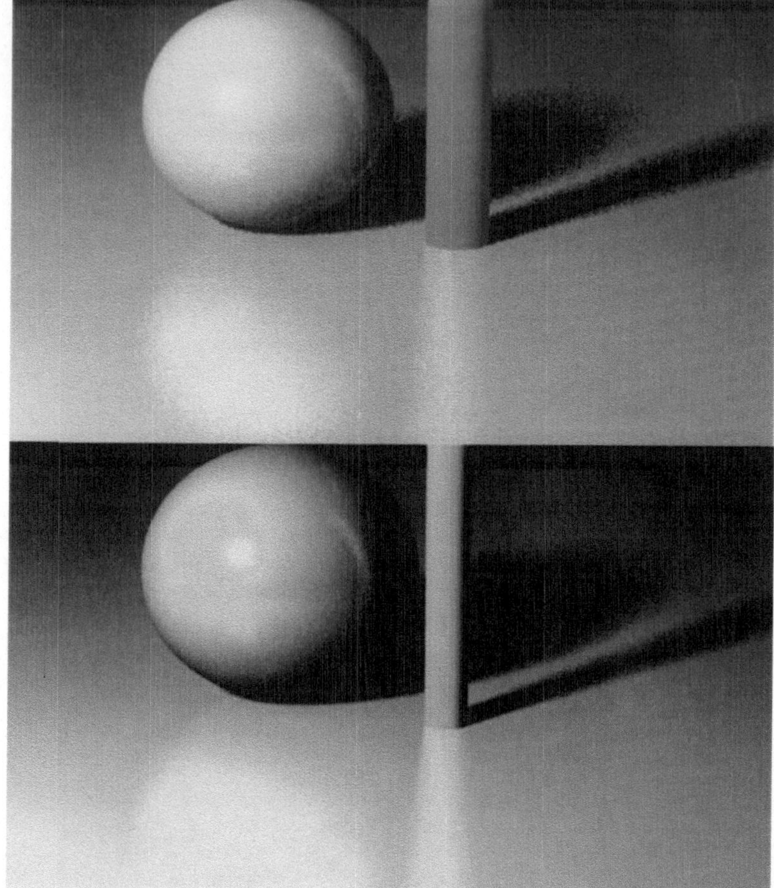

Auf dieser und der folgenden Seite eine einfache Szene dargestellt, die mit dem verteilten Ray-Tracing-Verfahren modelliert wurde und weiche Schattengrenzen und undeutliche Reflexionen zeigt. In aufsteigender Reihenfolge wurden jeweils $n \times n$ (für $n = 1,2,3,4,5$) Strahlen pro Pixel ausgewertet.

Der stehende Zylinder wird mit dem Phongschen und die Kugel mit dem Whittedschen Beleuchtungsmodell beleuchtet.

Das erste Bild zeigt noch ein deutliches Rauschen, das mit zunehmender Anzahl der abgetasten Subpixel immer geringer wird. Bei $4 \times 4 = 16$ Strahlen pro Pixel (Bild I.40) wird dies aber nicht mehr als störend empfunden.

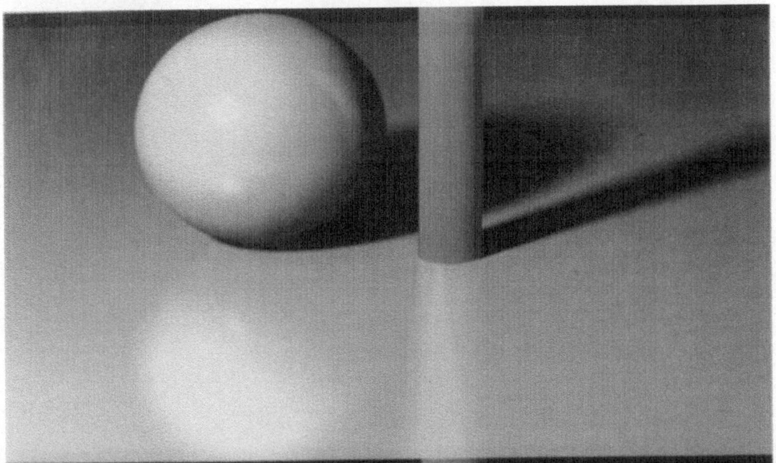

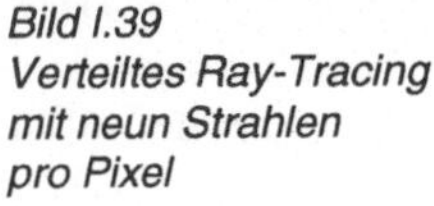

Bild I.39
Verteiltes Ray-Tracing
mit neun Strahlen
pro Pixel

Bild I.40
Verteiltes Ray-Tracing
mit 16 Strahlen
pro Pixel

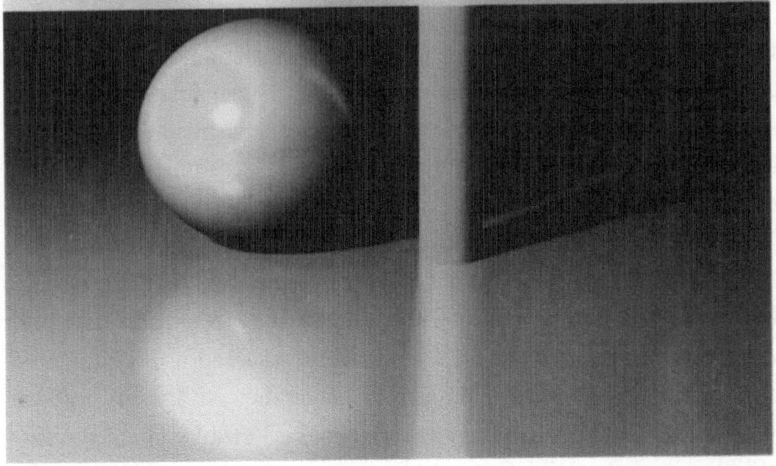

Bild I.41
Verteiltes Ray-Tracing
mit 25 Strahlen
pro Pixel

Bild I.42
*"Stilleben" mit einfachem
Ray-Tracing*

Bild I.43
*"Stilleben" mit verteiltem
Ray-Tracing*

Die Bilder I.42 und I.43 wurden in diesen Anhang aufgenommen, um einige Techniken im Zusammenhang mit der Bildsynthese zu demonstrieren. Der "Utah-teapot" ist ein vielgezeigtes Beispiel in der Computergrafik. Er ist hier aus ca. 1000 Dreiecken zusammengesetzt und mittels Normaleninterpolation wurde der polygonale Aufbau verwischt. Lediglich an den Rändern ist diese diskrete Modellierung ebenso, wie bei den Tassen und Untertassen, noch zu erkennen. Weiterhin ist hier Marmor als Beispiel für eine gestörte Raumtextur gezeigt. Das erste Bild zeigt die Szene mit normalem Ray-Tracing, während im zweiten Bild das verteilte Ray-Tracing zum Einsatz gekommen ist. Daraus ergeben sich die weicheren Schattenübergänge und die Verringerung der Aliaseffekte im zweiten Bild. Diese Bilder sollen auch als Demonstration des mit Ray-Tracing machbaren (abgesehen von der zu geringen Unterteilung der polygonalen Körper) gelten.

Bild I.44
Beispiel für einfaches
Ray-Tracing

Bild I.45
Beispiel für einfaches
Ray-Tracing

Die hier gezeigten Bilder I.44 und I.45 sollen verdeutlichen, was mit dem Ray-Tracing-Verfahren "machbar" ist. Durch die Einbeziehung von Texturen können die Parameter der Oberflächenmodelle verändert werden. Dies ist für das Radiosity-Verfahren nur bedingt möglich, da angenommen wird, daß ein Flächenstück homogen bezüglich der Oberflächenparameter ist.

Kodierungs-
beispiele

In diesem Anhang gehen wir auf die Programmierung der vorgestellten Algorithmen und Modelle ein. Wir benutzen dabei eine Pascalähnliche Programmiersprache.

Für folgende Berechnungen werden Programmierbeispiele dargestellt:

- Berechnung der behandelten Beleuchtungsmodelle des Ray-Tracing

- Berechnung der Formfaktoren und Leuchtdichten im Radiosity-Verfahren

- Berechnung einer RGB-Farbe aus einem Abtastspektrum

II.1   Ray-Tracing

Typdefinitionen

Die Quelltextbeispiele zur Berechnung eines Beleuchtungsmodells stüt-

```
TYPE

    vector_type = RECORD
                      x,y,z : REAL;
                  END;

    color_type = ARRAY[1..NoOfColorSamples] OF REAL;

    shading_type = (phong, blinn, whitted, hall);

    material_type = (dielectric, conductive);

    surface_type = POINTER TO RECORD
                      ambient : color_type;
                      kdiffuse : color_type;
                      kspecular : REAL;
                      CASE type : shading_type OF
                          phong:
                            m : REAL;
                          blinn:
                            materialType : material_type;
                            materialRefl : color_type;
                            averageRefl : REAL;
                            c : REAL;
                            n : REAL;
                            k : REAL;
                          whitted:
                            m : REAL;
                            reflect : BOOLEAN;
                            transmiss : BOOLEAN;
                            ktransmiss : REAL;
                            n : REAL;
                          hall:
                            materialType : material_type;
                            materialRefl : color_type;
                            averageRefl : REAL;
                            m : REAL;
                            n : REAL;
                            k : REAL;
                            reflect : BOOLEAN;
                            transmiss : BOOLEAN;
                            reflAtt : color_type;
                            transAtt : color_type;
                  END;

    lightsource_type = RECORD
                      position : vector_type;
                      intensity : color_type;
                  END;
```

zen sich auf die folgende Datentypdefinitionen:

Der Typ `vector_type` beschreibt einen Punkt oder einen Vektor im dreidimensionalen Raum. `color_type` ist ein Feld vom Typ `REAL`.

Je nachdem wie die Konstante `NoOfColorSamples` gesetzt wird, kann Schwarzweiß-Abtastung (`NoOfColorSamples=1`), RGB-Abtastung (`NoOfColorSamples=3`) oder spektrale Abtastung (`NoOfColorSamples>1`) durchgeführt werden.

Der `surface_type` ist ein Zeiger auf einen Verbund, der je nachdem, welches Beleuchtungsmodell benutzt werden soll, die entsprechenden Parameter des Modells enthält.

Alle Modelle besitzen den gleichen ambienten Term, der sich aus dem Produkt aus ambienter Beleuchtungsstärke und dem ambienten Reflexionskoeffizient ergibt (siehe Formel 4.4.4.1). Da das Ergebnis dieses Produktes orts- und richtungsunabhängig ist, kann es bereits vorher berechnet und im Feld `ambient` abgelegt werden. Ebenfalls wird die diffuse Reflexion von allen Modellen gleich modelliert, der spektrale diffuse Reflexionskoeffizient ist in `kdiffuse` abgelegt. Der spekulare Reflexionskoeffizient ist in Anlehnung an die Literatur wellenlängenunabhängig und durch `kspecular` beschrieben.

Neben diesen Materialparametern, die von jedem Beleuchtungsmodell benutzt werden, gibt es noch eine Reihe weiterer modellabhängiger Parameter.

Bei dem Phong-Modell ist dies nur die Materialkonstante m, die die Größe des Glanzlichtes beschreibt (siehe Formel 4.4.2.1).

Das Blinn-Modell benötigt mehrere Parameter, um die spekulare Reflexion zu ermitteln. `materialType` gibt an, ob es sich um elektrisch leitendes oder nichtleitendes Material handelt, `materialRefl` enthält die spektrale Reflexion des Materials für senkrechten Lichteinfall und `averageRefl` enthält den Durchschnittswert des Feldes `materialRefl`. Diese Parameter werden für die Berechnung der Fresnelschen Reflexion benötigt. Der Parameter c findet bei der Berechnung der Verteilungsfunktion der Mikrofacetten gebrauch und beschreibt die Rauheit der Oberfläche. Die Parameter n und k stellen den (über die Wellenlängen durchschnittlichen) Brechungs- und Absorptionskoeffizienten dar.

Beim Whitted-Modell bestimmt m wieder die Größe des Glanzlichts. Die boolschen Parameter `reflect` und `transmiss` signalisieren, ob die Oberfläche spiegelnd reflektierend bzw. durchsichtig sein soll. Für durchsichtige Oberflächen gibt `ktransmiss` den Transmissionskoeffizienten an, und n beschreibt wieder den Brechungsindex des Materials.

Auch beim Hall-Modell bestimmt m die Größe des Glanzlichts. Da dieses Modell ebenfalls die Fresnelsche Reflexion berücksichtigt, sind die Parameter `materialType`, `materialRefl` und `average-Refl` notwendig. n ist wieder der Brechungskoeffizient des Materials und k ist der Absorptionskoeffizient, der für metallische Materialen benötigt wird. Die Parameter `reflect` und `transmiss` bestimmen wieder, ob globale Reflexion und Transmission berücksichtigt werden sollen. Die Parameter `reflAtt` und `transAtt` beschreiben die Auslöschung des Lichts für eine Längeneinheit des Materials.

Der Typ `lightsource_type` beschreibt die Parameter einer isotropen Punktlichtquelle, nämlich ihre Position `position` und ihre Strahlstärke `intensity`. Im weiteren wird nur diese Art der Lichtquelle betrachtet.

Globale Variablen

Alle in der Szene definierten Lichtquellen müssen in dem globalen Feld `lightsources` abgelegt werden und der Zähler `NoOfLightSources` wird entsprechend initialisiert.

```
VAR

    lightsources : ARRAY[1..MaxLightsources] OF
                                   lightsource_type;

    NoOfLightSources : INTEGER;

    MaxDepth,ActualDepth : INTEGER;
```

Die Variablen `MaxDepth` und `ActualDepth` werden zur Tiefenkontrolle des Strahlenbaums für rekursives Ray-Tracing gebraucht (`WhittedShader` und `HallShader`). `MaxDepth` muß vor dem Tracing mit dem Wert der maximalen Tiefe der Verfolgung und `ActualDepth` auf Null initialisiert werden. `ActualDepth` wird von den entsprechenden Beleuchtungsroutinen bei einem rekursiven Aufruf inkrementiert und nach Rückkehr aus der Rekursion dekrementiert.

Hilfsprozeduren

Die folgenden Prozeduren werden von den Routinen zur Berechnung eines Beleuchtungsmodells benötigt und deshalb kurz skizziert.

Die Prozedur `Intensity` gibt als Rückgabewert die Lichtstärke der Lichtquelle i geteilt durch den quadrierten Abstand `dist` wieder,

```
PROCEDURE Intensity (pos,dir : vector_type;
                     dist     : REAL;
                     i        : INTEGER) : REAL;
BEGIN
  IF an object blocks
    RETURN 0.0
  ELSE
    RETURN lightsources[i].intensity / (dist*dist)
END;

PROCEDURE Compute_L (hit,pos : vector_type) :
                                          vector_type;
BEGIN
  RETURN pos-hit
END;

PROCEDURE Compute_H (eye,lightv : vector_type) :
                                          vector_type;
BEGIN
  returns the vector H
END;

PROCEDURE Compute_Ht (lightv,transv : vector_type;
                      n1,n2          : REAL) :
                                          vector_type;
BEGIN
  returns the vector Ht
END;

PROCEDURE Compute_R (eye,norm : vector_type) :
                                          vector_type;
BEGIN
  returns the reflection vector of eye
END;

PROCEDURE Compute_T (    eye,norm : vector_type;
                         n        : REAL;
                     VAR totalRef : BOOLEAN) :
                                          vector_type;
BEGIN
  returns the transmission vector of eye
END;

PROCEDURE Normalize (VAR a : vector_type) : REAL;
BEGIN
  normalizes the vector a and returns the original length
END;

PROCEDURE DotProduct(a,b : vector_type) : REAL;
BEGIN
  returnes the dot product of a and b
END;
```

wenn zwischen dem Schnittpunkt `hit` und der Position der Lichtquelle `lightsources[i].position` kein anderes Objekt liegt, ansonsten ist das Resultat Null (der Schnittpunkt liegt im Schatten).

Um diesen Schattentest durchzuführen muß in einer einfachen Implementierung solange mit allen in der Szene definierten Objekten ein Schnittpunkttest durchgeführt werden, bis mindestens ein blockierendes Objekt gefunden wurde.

Die Prozedur `Compute_L` berechnet den nicht normierten Richtungsvektor von `hit` in Richtung `pos`.

Der normierte Vektor `H`, der auf halbem Weg zwischen den Vektoren `eye` und `lightv` liegt, wird von `Compute_H` ermittelt. Dieser Vektor gibt an, wie die Oberflächennormale liegen muß, damit der Reflexionsvektor von `lightv` gleich `eye` ist.

Die Prozedur `Compute_Ht` ermittelt den Vector `Ht`, der (analog zum Vektor `H`) angibt, wie die Oberflächennormale liegen muß, damit der gebrochene Strahl `lightv` gleich `transv` ist. Dazu müssen die beiden Brechungskoeffizienten der Materialien, n1 und n2, bekannt sein.

`Compute_R` berechnet den reflektierten Vektor von `eye` bei gegebener Normalen `norm`.

`Compute_T` berechnet den Transmissionsvektor zu `eye` bei gegebener Normalen `norm` und Brechungskoeffizienten n. Der Referenzparameter `totalRef` hat den Wert TRUE, wenn dieser Vektor ermittelt werden konnte und FALSE, wenn Totalreflexion auftritt. Falls Totalreflexion aufgetreten ist, wird der Vektor (0,0,0) zurückgegeben.

Beleuchtungsmodell-Routinen

Die Parameter der folgenden Beleuchtungsmodell-Prozeduren gleichen sich. Die Übergabeparameter `hit`, `eye` und `norm` enthalten den ermittelten Schnittpunkt, den normierten Richtungsvektor in Betrachtungsrichtung und die normierte Oberflächennormale im Schnittpunkt. Ein Zeiger auf die Datenstruktur, in der die Materialparameter abgelegt sind, wird in `surface` übergeben. Der Referenzparameter `color` enthält nach erfolgreicher Berechnung die ermittelte Farbe.

PhongShader

Die Prozedur `PhongShader` berechnet das Phongsche Beleuchtungsmodell (siehe Formel 4.4.7.1).

Zuerst werden `color` mit den Werten der ambienten Beleuchtung initialisiert.

Dann wird innerhalb einer Schleife über alle definierten Lichtquellen die von der jeweiligen Lichtquelle hervorgerufenen Anteile der diffusen und spekularen Reflexion ermittelt und `color` zuaddiert.

```
  PROCEDURE PhongShader (     hit,eye,norm : vector_type;
                              surface      : surface_type;
                         VAR color         : color_type);
    VAR
      i,j : INTEGER;
      N_dot_L,R_dot_E,dist : REAL;
      lightv,reflv : vector_type;
      intensity : color_type;
  BEGIN
    (* initializing with ambient illumination *)
    FOR i:=1 TO NoOfColorSamples DO
      color[i] := surface^.ambient[i]
    END;
    FOR i:=1 TO NoOfLightSources DO
      lightv := Compute_L(hit,lightsources[i].position);
      dist := Normalize(lightv);
      N_dot_L := DotProduct(norm,lightv);
      IF N_dot_L>0.0 THEN
        (* lightsource i is visible *)
        intensity := Intensity(hit,lightv,dist,i);
        (* diffuse reflection *)
        FOR j:=1 TO NoOfColorSamples DO
          color[j] := color[j] + surface^.kdiffuse[j] *
                      N_dot_L * intensity[j]
        END;
        reflv := Compute_R(eye,norm);
        R_dot_E := DotProduct(reflv,eye);
        IF R_dot_E>0.0 THEN
          (* specular reflection *)
          FOR j:=1 TO NoOfColorSamples DO
            color[j] := color[j] +
                        surface^.kspecular *
                        power(R_dot_E,surface^.m) *
                        intensity[j]
          END;
        END;
      END;
    END;
  END;
```

Dazu wird als erstes der Vektor `lightv` in Richtung Lichtquelle ermittelt und normiert. Ist das Skalarprodukt `N_dot_L` der Vektoren `lightv` und `norm` kleiner Null, so liegt der Punkt `hit` auf der von der Lichtquelle abgewandten Seite des Objektes und die Lichtquelle trägt nicht zur Beleuchtung bei. Ansonsten wird die "Intensität"[1], mit der die Lichtquelle den Punkt `hit` bestrahlt, ermittelt. Der diffuse Anteil ergibt sich aus dem Produkt von `N_dot_L`, der "Intensität" `intensity` und dem diffusen Reflexionskoeffizienten `surface^.kdiffuse`.

Darauffolgend wird der Reflexionsvektor von `lightv` bestimmt. Ist das Skalarprodukt `R_dot_E` der Vektoren `reflv` und `eye` größer als Null, so wird das einfallende Licht auch spekular reflektiert. Der spekulare Anteil ergibt sich aus dem mit der Materialkonstante `surfa-`

---

[1] "Intensität" bedeutet an dieser Stelle die Lichtstärke der Lichtquelle geteilt durch das Quadrat der Entfernung.

```
    PROCEDURE BlinnShader (    hit,eye,norm : vector_type;
                               surface      : surface_type;
                           VAR color        : color_type);
      VAR
        i : INTEGER;
        DG,N_dot_L,N_dot_H,H_dot_T
        N_dot_E,E_dot_H,dist : REAL;
        totalRef : BOOLEAN;
        H,lightv,transv : vector_type;
        intensity,Fr,Ft : color_type;
    BEGIN
      (* initializing with ambient illumination *)
      FOR i:=1 TO NoOfColorSamples DO
        color[i] := surface^.ambient[i];
      END;
      FOR i:=1 TO NoOfLightSources DO
        lightv := Compute_L(hit,lightsources[i].position);
        dist := Normalize(lightv);
        N_dot_L := DotProduct(norm,lightv);
        IF N_dot_L>0.0 THEN
          (* lightsource i is visible *)
          intensity := Intensity(hit,lightv,dist,i);
          FOR j:=1 TO NoOfColorSamples DO
            color[j] := color[j] + surface^.kdiffuse[j] *
                        N_dot_L * intensity[j]
          END;
          H := Compute_H(lightv,eye);
          N_dot_H := DotProduct(norm,H);
          N_dot_E := DotProduct(norm,eye);
          E_dot_H := DotProduct(eye,H);
          (* microfacet distribution and
             geometrical attenuation *)
          DG := D_reitz(surface^.c,N_dot_H) *
                G_Torrance(N_dot_H,E_dot_H,N_dot_E,N_dot_L);
          transv := Compute_T(lightv,H,surface^.n,totalRef);
          (* computing Fresnel reflection *)
          IF surface^.material=dielectric THEN
            H_dot_T := DotProduct(norm,transv);
            FresnelDielectric(H,E_dot_H,H_dot_T,
                              1.0,surface^.n,
                              surface^.averageRefl,
                              surface^.materialRefl,
                              Fr,Ft)
          ELSE
            FresnelConductive(E_dot_H,
                              surface^.n,
                              surface^.k,
                              surface^.averageRefl,
                              surface^.materialRefl,
                              Fr);
          END;
          (* specular reflection *)
          FOR j:=1 TO NoOfColorSamples DO
            color[j] := color[j] +
                        surface^.kspecular *
                        ((DG*Fr[j]) / N_dot_E) *
                        intensity[j];
          END;
        END;
      END;
    END;
```

ce^.m potenzierten Skalarprodukt R_dot_E, intensity und dem
spekularen Reflexionskoeffizienten surface^.kspecular.

BlinnShader

Die Prozedur `BlinnShader` berechnet das Blinnsche Beleuchtungsmodell (siehe Formel 4.4.7.2).

Auch hier wird `color` mit dem ambienten Term `surface^.am-
bient` initialisiert. Dann wird wieder in einer Schleife über alle Licht-
quellen die diffuse und spekulare Reflexion bestimmt. Die Bestimmung
der diffusen Reflexion ist bei allen Beleuchtungsmodellen gleich.

Zur Berechnung des spekularen Reflexionsterm müssen drei Funktionen ausgewertet werden: die Verteilungsfunktion (der Mikrofacetten)
D, die Blockierungsfunktion G und die Fresnelsche Reflexion F. Als
Verteilungsfunktion wurde die von Trowbridge und Reitz gewählt und
als `D_reitz` implementiert. Die Blockierungsfunktion G ist in
`G_torrance` implementiert. Die Fresnl'sche Reflexion wird durch die
Funktion `FresnelDielectric` bzw. durch die Funktion `Fres-
nelConductive` approximiert, je nachdem ob es sich um leitendes
oder nichtleitendes Material handelt (eine genaue Beschreibung der
Approximationsmethode findet sich im nächsten Abschnitt).

Zuerst werden die benötigten Parameter für die Funktionen
`D_reitz` und `G_torrance` ermittelt. Es werden der Vektor `H` und die
Skalarprodukte `N_dot_H`, `N_dot_E`, und `E_dot_H` bestimmt. Das
Produkt der Resultate der Aufrufe dieser Funktionen wird in der Variablen `DG` gespeichert. Danach werden die Parameter für die Fresnelschen
Reflexion bestimmt. Dies sind der gebrochene Strahl von der Lichtquelle
`transv` und das Skalarprodukt `H_dot_T`. Je nachdem, ob das Material

```
PROCEDURE D_reitz(c : REAL; N_dot_H : REAL) : REAL;
  VAR
    c2 : REAL;
BEGIN
  IF N_dot_H<0.0 THEN
    RETURN 0.0
  ELSE
    c2 := SQR(c);
    RETURN SQR(c2/(SQR(N_dot_H)*(c2-1.0)+1.0));
  END;
END;

PROCEDURE G_torrance(N_dot_H,E_dot_H,
                     N_dot_E,N_dot_L : REAL) : REAL;
BEGIN
  g1 := (2.0*N_dot_H*N_dot_E)/(E_dot_H);
  IF g11.0 THEN g1 := 1.0;
  g2 := (2.0*N_dot_H*N_dot_L)/(E_dot_H);
  IF g2<g1 THEN
    RETURN g2
  ELSE
    RETURN g1
  END;
END;
```

```
    PROCEDURE FresnelDielectric(      transv  : vector_type;
                                      N_dot_L,
                                      N_dot_T : REAL;
                                      n1,n2,
                                      aveRefl : REAL;
                                      mtlRefl : color_type;
                             VAR Fr,Ft    : color_type);
      VAR
        i : INTEGER;
        R_theta,factor : REAL;
    BEGIN
      IF (transv.x=0.0)AND
         (transv.y=0.0)AND(transv.z=0.0) THEN
        FOR i:=1 To NoOfColorSamples DO
          Fr[i] := 1.0;
          Ft[i] := 0.0;
        END;
        RETURN;
      END;
      R_theta := (SQR((n2*N_dot_L+n1*N_dot_T)/
                      (n2*N_dot_L-n1*N_dot_T)) +
                 SQR((n1*N_dot_L+n2*N_dot_T)/
                     (n1*N_dot_L-n2*N_dot_T))) / 2.0;
      factor := (R_theta-aveRefl) / (1.0-aveRefl);
      FOR i:=1 TO NoOfColorSamples DO
        Fr[i] := mtlRefl[i] + (1.0-mtlRefl[i])*factor;
        IF Fr[i]<0.0 THEN Fr[i] := 0.0;
        Ft[i] := 1.0-Fr[i];
      END;
    END;

    PROCEDURE FresnelConductive(    N_dot_L : vector_type;
                                    n,
                                    k,
                                    aveRefl : REAL;
                                    mtlRefl : color_type;
                           VAR Fr       : color_type);
      VAR
        i : INTEGER;
        n2k2,n2k2NL2,n2k2NL,nNL2,
        R_theta,factor : REAL;
    BEGIN
      n2k2 := SQR(n)+SQR(k);
      n2k2NL2 := n2k2*SQR(N_dot_L) + 1.0;
      nNL2 := n*N_dot_L*2.0;
      n2k2NL := n2k2 + SQR(N_dot_L);
      R_theta := (((n2k2NL2-nNL2)/(n2k2NL2+nNL2)) +
                 ((n2k2NL-nNL2)/(n2k2NL+nNL2))) / 2.0;
      factor := (R_theta-aveRefl) / (1.0-aveRefl);
      FOR i:=1 TO NoOfColorSamples DO
        Fr[i] := mtlRefl[i] + (1.0-mtlRefl[i])*factor;
        IF Fr[i]<0.0 THEN Fr[i] := 0.0;
      END;
    END;
```

leitend ist oder nicht (`surface^.materialType = conductive` oder `surface^.materialType = dielectric`) wird entsprechend `FresnelConductive` oder `FresnelDielectric` aufgerufen. Das Resultat ist dann in `Fr` abgelegt.

Danach wird das Produkt aus spekularem Reflexionskoeffizienten `surface^.kspecular`, dem Term `((DG*Fr[j])/N_dot_E)` und `intensity` der Variablen `color` zuaddiert.

Approximation der Fresnelschen Reflexion

Zur Approximation der Fresnelschen Reflexion und Transmission wird die von Hall vorgeschlagenen Methode benutzt (siehe [HALL89]):

$$F_r(\lambda,\theta) \;=\; F_r(\lambda,0) + (1-F_r(\lambda,0)) \cdot \left(\frac{F_{r,ave}(\theta) - F_{r,ave}(0)}{1 - F_{r,ave}(0)} \right) \; \text{und}$$

$$F_t(\lambda,\theta) \;=\; 1 - F_r(\lambda,\theta) \,.$$

Die Terme $F_r(\lambda,0)$ und $F_{r,ave}(0)$ sind als Materialparameter bereits gegeben und in `surface^.materialRefl` und `surface^.-averageRefl` abgelegt. Sie beschreiben die Reflexion des Lichts bei senkrechtem Lichteinfall bzw. den Durchschnitt der Reflexion über alle Wellenlängen. Berechnet werden muß noch der Term:

$$F_{r,ave}(\theta) \;=\; \frac{r_{par}^{\,2} + r_{perp}^{\,2}}{2} \,,$$

wobei r_{par} den Anteil parallel polarisierten Lichts und r_{perp} den Anteil senkrecht polarisierten Lichts angibt.

Je nachdem ob das Material elektrisch leitend ist (conductive) oder nicht (dielectric) werden diese Terme unterschiedlich berechnet. Für nicht leitende Materialien gilt:

$$r_{par} \;=\; \frac{n_t \cdot (\mathbf{N \cdot L}) + n_i \cdot (\mathbf{N \cdot T})}{n_t \cdot (\mathbf{N \cdot L}) - n_i \cdot (\mathbf{N \cdot T})} \quad \text{und}$$

$$r_{perp} \;=\; \frac{n_i \cdot (\mathbf{N \cdot L}) + n_t \cdot (\mathbf{N \cdot T})}{n_i \cdot (\mathbf{N \cdot L}) - n_t \cdot (\mathbf{N \cdot T})} \,.$$

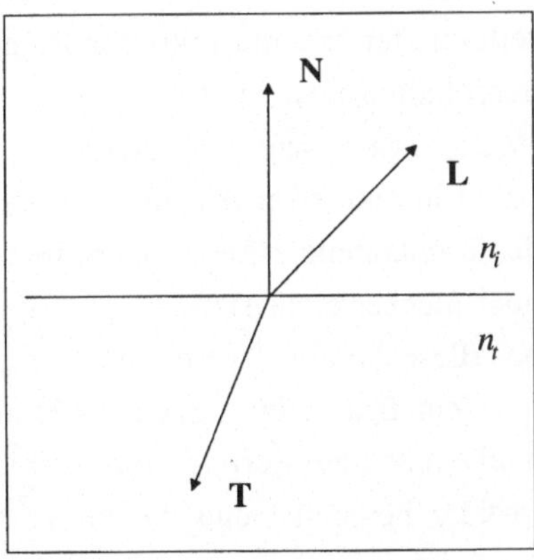

Abb. II.1:
Geometrie für die
Berechnung der
Fresnelschen Reflexion

Der normierte Vektor **L** zeigt in Richtung Lichtquelle, **N** ist die normierte Normale im Schnittpunkt, und n_i und n_t sind die Brechungskoeffizienten der Materialien (siehe Abb. II.1).

Für leitende Materialien lauten die Gleichungen:

$$r_{par} = \frac{(n^2+k^2) + 1 - 2n(\mathbf{N}\cdot\mathbf{L})}{(n^2+k^2) + 1 + 2n(\mathbf{N}\cdot\mathbf{L})} \quad \text{und}$$

$$r_{perp} = \frac{(n^2+k^2) + (\mathbf{N}\cdot\mathbf{L})^2 - 2n(\mathbf{N}\cdot\mathbf{L})}{(n^2+k^2) + (\mathbf{N}\cdot\mathbf{L})^2 + 2n(\mathbf{N}\cdot\mathbf{L})} \; .$$

Die Parameter n und k sind der Brechungsindex bzw. der Absorptionskoeffizient des leitenden Materials.

Die Implementierung ist in den Prozeduren `FresnelDielectric` und `FresnelConductive` realisiert.

WhittedShader

Die Prozedur `WhittedShader` berechnet das Whittedsche Beleuchtungsmodell (siehe Formel 4.4.7.3).

Zuerst wird geprüft, ob der Strahl innerhalb eines Objektes liegt (nach rekursivem Aufruf zur Verfolgung der Transmissionsrichtung in ein Objekt hinein kann dies der Fall sein). Dazu wird das Skalarprodukt `N_dot_E` berechnet. Ist dies größer Null, so kommt der Strahl von außen und es werden die ambiente Beleuchtung und in einer Schleife über alle Lichtquellen die diffuse und spekulare Reflexion ähnlich wie in der Prozedur `PhongShader` berechnet.

Anschließend werden die Anteile der globalen Beleuchtung aus reflektierter und transmittierter Richtung ermittelt, wenn die Materialeigenschaften dies anzeigen (`surface^.reflect` = TRUE bzw. `surface^.transmiss` = TRUE).

Ein rekursiver Aufruf der Funktion `Intersect` zur Ermittelung des Lichtanteils erfolgt, wenn die maximale Tiefe des Strahlenbaums noch nicht erreicht ist (`ActualDepth<MaxDepth`), ansonsten werden diese Anteile der Beleuchtung ignoriert.

Zur Ermittelung des Anteils aus der reflektierten Richtung wird nach Inkrementierung von `ActualDepth` der Reflexionsvektor `reflv` berechnet und die Funktion `Intersect` aufgerufen. Nach

```
PROCEDURE WhittedShader (  hit,eye,norm : vector_type;
                           surface      : surface_type;
                      VAR color          : color_type);
   VAR
     i,j : INTEGER;
     N_dot_L,N_dot_H,dist : REAL;
     H,lightv,reflv : vector_type;
     intensity : color_type;
BEGIN
   N_dot_E := DotProduct(norm,eye);
   IF N_dot_E>0.0 THEN
     (* outside of object *)
     (* initializing with ambient illumination *)
     FOR i:=1 TO NoOfColorSamples DO
       color[i] := surface^.ambient[i];
     END;
     FOR i:=1 TO NoOfLightSources DO
       lightv := Compute_L(hit,lightsources[i].position;
       dist := Normalize(lightv);
       N_dot_L := DotProduct(norm,lightv);
       IF N_dot_L>0.0 THEN
         (* lightsource i is visible *)
         intensity := Intensity(hit,lightv,dist,i);
         (* local diffuse reflection *)
         FOR j:=1 TO NoOfColorSamples DO
           color[j] := color[j] + surface^.kdiffuse[j] *
                       N_dot_L * intensity[j];
         END;
         H := Compute_H(lightv,eye);
         N_dot_H := DotProduct(norm,H);
         (* local specular reflection *)
         FOR j:=1 TO NoOfColorSamples DO
           color[j] := color[j] +
                       surface^.kspecular *
                       power(N_dot_H,surface^.m) *
                       intensity[j];
         END;
       END;
     END;
   END;
   IF (surface^.reflect) THEN
     (* compute global reflection *)
     IF ActualDepth<MaxDepth THEN
       INC(ActualDepth);
       reflv := Compute_R(eye,norm);
       IF NOT(Intersect(hit,reflv,intensity)>0.0) THEN
         intensity := background;
       END;
       DEC(ActualDepth);
       (* global reflection *)
       FOR i:=1 TO NoOfColorSamples DO
         color[i] := color[i] + surface^.kspecular *
                               intensity[i];
       END;
     END;
   END;
```

Rückkehr aus der Rekursion wird `ActualDepth` wieder dekrementiert.

Das Resultat dieses Aufrufs ist in `intensity` abgelegt und wird mit dem spekularen Reflexionskoeffizienten multipliziert und zu `color` aufaddiert.

```
    IF (surface^.transmiss) THEN
      (* compute global transmission *)
      IF ActualDepth<MaxDepth THEN
        INC(ActualDepth);
        transv := Compute_T();
        IF NOT(Intersect(hit,reflv,intensity)>0.0) THEN
          intensity := background;
        END;
        DEC(ActualDepth);
        (* global transmission *)
        FOR i:=1 TO NoOfColorSamples DO
          color[i] := color[i] + surface^.ktransmiss *
                                  intensity[i];
        END;
      END;
    END;
  END;
```

Die Ermittelung des Anteils aus transmittierter Richtung erfolgt analog.

HallShader

Die Prozedur `HallShader` berechnet das Hallsche Beleuchtungsmodell (siehe Formel 4.4.7.4).

Auch hier wird, wie bei `WhittedShader`, falls der Strahl außerhalb des Objekts liegt, die ambiente Beleuchtung und die diffuse und spekulare Reflexion ermittelt. Zur Bestimmung des lokal spekular reflektierten Lichts muß entsprechend dem Materialtyp die Fresnelsche Reflexion berechnet werden.

Liegt der Strahl innerhalb, so wird die lokale spekulare Transmission des Lichts bestimmt. Dies geschieht analog zu der lokalen spekularen Reflexion, wobei auch hier wieder die Fresnelsche Reflexion berücksichtigt wird.

In Abhängigkeit des Parameters `surface^.reflect` wird, wenn noch nicht die maximale Tiefe im Strahlenbaum erreicht ist, ein weiterer Strahl in reflektierter Richtung von `eye` gesandt, um den Beitrag der globalen gerichteten Reflexion zu berechnen. Dazu wird `reflv` ermittelt und `Intersect` aufgerufen. Das Ergebnis des rekursiven Ray-Tracings ist in `intensity` abgelegt. Anschließend werden die nötigen Parameter für die Berechnung der Fresnelschen Reflexion bestimmt und je nach Materialtyp `FresnelDielectric` oder `FresnelConductive` aufgerufen. Der endgültige Beitrag berechnet sich nun aus dem Produkt von `surface^.kspecular`, `Fr`, `intensity` und dem mit dem Abstand potenzierten Auslöschung `surface^.reflAtt`.

```
PROCEDURE HallShader (    hit,eye,norm : vector_type;
                          surface      : surface_type;
                      VAR color        : color_type);
   VAR
     i,j : INTEGER;
     dist,N_dot_E,N_dot_L,H_dot_E,E_dot_T,
     N_dot_Ht,Ht_dot_L,Ht_dot_E,N_dot_T : REAL;
     totalRef : BOOLEAN;
     Fr,Ft,intensity : color_type;
     lightv,H,Ht,reflv,transv : vector_type;
BEGIN
  N_dot_E := DotProduct(norm,eye);
  IF N_dot_E>0.0 THEN
    (* outside the object *)
    (* initializing with ambient illumination *)
    FOR i:=1 TO NoOfColorSamples DO
      color[i] := surface^.ambient[i];
    END;
    FOR i:=1 TO NoOfLightSources DO
      lightv := Compute_L(hit,
                            lightsources[i].position);
      dist := Normalize(lightv);
      N_dot_L := DotProduct(norm,lightv);
      IF N_dot_L>0.0 THEN
        (* lightsource i is visible *)
        intensity := Intensity(hit,lightv,dist,i);
        (* local diffuse reflection *)
        FOR j:=1 TO NoOfColorSamples DO
          color[j] := color[j] + surface^.kdiffuse[j] *
                      N_dot_L * intensity[j];
      END;
      H := Compute_H(lightv,eye);
      H_dot_E := DotProduct(H,eye);
      (* computing Fresnel reflection *)
      IF surface^.material=dielectric THEN
        transv := Compute_T(lightv,H,surface^.n,
                            totalRef);
        E_dot_T := DotProduct(eye,transv);
        FresnelDielectric(transv,H_dot_E,E_dot_T,
                          1.0,surface^.n,
                          surface^.averageRefl,
                          surface^.materialRefl,
                          Fr,Ft)
      ELSE
        FresnelConductive(H_dot_E,
                          surface^.n,
                          surface^.k,
                          surface^.averageRefl,
                          surface^.materialRefl,
                          Fr);
      N_dot_H := DotProduct(norm,H);
      (* local specular reflection *)
      FOR j:=1 TO NoOfColorSamples DO
        color[j] := color[j] +
                    surface^.kspecular *
                    Fr[j] *
                    power(N_dot_H,surface^.m) *
                    intensity[j];
      END;
    END;
  END
  ELSE
    (* inside the object *)
    FOR i:=1 TO NoOfLightSources DO
      lightv := Compute_L(hit,
                            lightsources[i].position);
      N_dot_L := DotProduct(norm,lightv);
      IF N_dot_L>0.0 THEN
        (* lightsource i is visible *)
```

*Fortsetzung von
HallShader*

```
            dist := Normalize(lightv);
            intensity := Intensity(hit,lightv,dist,i);
            Ht := Compute_Ht(lightv,eye,1.0,surface^.n);
            N_dot_Ht := DotProduct(norm,Ht);
            IF N_dot_Ht>0.0 THEN
              Ht_dot_L := DotProduct(Ht,lightv);
              Ht_dot_E := DotProduct(Ht,eye);
              FresnelDielectric(eye,Ht_dot_L,Ht_dot_E,
                                surface^.n,1.0,
                                surface^.averageRefl,
                                surface^.materialRefl,
                                Fr,Ft);
              (* local specular transmission *)
              FOR j:=1 TO NoOfColorSamples DO
                color[j] := color[j] +
                            surface^.kspecular *
                            Ft[j] *
                            power(N_dot_Ht,surface^.m) *
                            intensity[j];
            END;
          END;
        END;
      END;
    END;
    IF (surface^.reflect) THEN
      (* compute global reflection *)
      IF ActualDepth<MaxDepth THEN
        INC(ActualDepth);
        reflv := Compute_R(eye,norm);
        dist := Intersect(hit,reflv,intensity);
        IF NOT(dist>0.0) THEN
          intensity := background;
        END;
        DEC(ActualDepth);
        IF surface^.material=dielectric THEN
          transv := Compute_T(reflv,norm,surface^.n,
                              totalRef);
          N_dot_T := DotProduct(norm,transv);
          IF N_dot_E>0.0 THEN
            (* outside the object *)
            FresnelDielectric(transv,N_dot_E,N_dot_T,
                              1.0,surface^.n,
                              surface^.averageRefl,
                              surface^.materialRefl,
                              Fr,Ft);
          ELSE
            (* inside the object *)
            FresnelDielectric(transv,-N_dot_E,-N_dot_T,
                              surface^.n,1.0,
                              surface^.averageRefl,
                              surface^.materialRefl,
                              Fr,Ft);
          END
        ELSE
          FresnelConductive(N_dot_E,
                            surface^.n,
                            surface^.k,
                            surface^.averageRefl,
                            surface^.materialRefl,
                            Fr);
        END;
        (* global reflection *)
        FOR i:=1 TO NoOfColorSamples DO
          color[i] := color[i] + surface^.kspecular *
                                 Fr[i] *
                                 intensity[i] *
                                 power(reflAtt[i],dist);
      END;
    END;
```

Fortsetzung von
HallShader

```
    END;
    IF (surface^.transmiss) THEN
      (* compute global transmission *)
      IF ActualDepth<MaxDepth THEN
        transv := Compute_T(eye,norm,surface^.n,
                            totalRef);
        IF NOT totalRef THEN
          INC(ActualDepth);
          dist := Intersect(hit,transv,intensity);
          IF NOT(dist>0.0) THEN
            intensity := background;
          END
          DEC(ActualDepth);

          N_dot_T := DotProduct(norm,transv);
          IF N_dot_E>0.0 THEN
            (* outside the object *)
            FresnelDielectric(eye,-N_dot_T,-N_dot_E,
                              1.0,surface^.n,
                              surface^.averageRefl,
                              surface^.materialRefl,
                              Fr,Ft);
          END ELSE
            (* inside the object *)
            FresnelDielectric(eye,N_dot_T,N_dot_E,
                              surface^.n,1.0,
                              surface^.averageRefl,
                              surface^.materialRefl,
                              Fr,Ft);
          END;
          (* global transmission *)
          FOR i:=1 TO NoOfColorSamples DO
            color[i] := color[i] + surface^.kspecular *
                                   Ft[i] *
                                   intensity[i] *
                                   power(transAtt[i],
                                         dist);
          END;
        END;
      END;
    END;
END;
```

Der Beitrag aus der gerichteten globalen Transmission wird analog
berechnet.

II.2 Radiosity

Das hier dargestellte Radiosity-Verfahren arbeitet wie folgt: Nach dem Einlesen der Szene werden die Flächen in einer passenden Datenstruktur abgelegt und einzeln in genügend kleine Teilflächen unterteilt, die in Binärbäumen gespeichert werden. Anschließend werden die Leuchtdichten iterativ berechnet. Bei der Berechnung der Leuchtdichten wird die in Kap. 5.4 dargestellte Aufwandsreduktion benutzt. Ist der Abstand der Flächen groß gegenüber deren Ausdehnung, werden mehrere Senderflächen zusammengefaßt und ein gemeinsamer Formfaktor bestimmt.

Nachdem die Leuchtdichte jeder Teilfläche berechnet wurde, müssen für die Interpolation die Leuchtdichten an jedem Eckpunkt jeder Teilfläche bestimmt werden. Als Leuchtdichte eines Punktes wird der Mittelwert der Leuchtdichten aller an diesem Punkt grenzenden Teilflächen gewählt. Dazu kann bei der Aufteilung der Flächen eine "Nachbarschaftsbeziehung" bestimmt und gespeichert werden, oder diese Beziehung wird erst bei der Mittelwertberechnung festgelegt, indem alle Flächen, deren Eckpunkte einen geringeren als einen vorgegebenen Abstand zu diesem Punkt haben, als "Nachbarflächen" zu diesem Punkt gelten. Wir haben uns für die zweite Möglichkeit entschieden, da uns der R*Tree (siehe [BECK90]) zur Verfügung stand, der effizient Bereichsanfragen auf 3D-Objekten realisiert. Als Alternative könnten Octrees oder BSP-Trees verwendet werden.

Nachdem die Leuchtdichten aller Eckpunkte berechnet wurden, kann die Szene nach Bestimmung eines Betrachtungsstandpunktes mittels Gouraud-Shading auf die Bildebene projiziert und angezeigt werden. Es ist günstig, das Ergebnis der Leuchtdichteberechnung in einer Datei zu speichern, damit die Szene später von beliebigen Betrachtungsstandpunkten aus dargestellt werden kann.

Bei der Beschreibung der Algorithmen haben wir uns auf die wichtigsten Algorithmen des Radiosity-Verfahrens beschränkt. Die Algorithmen zur Helligkeitsinterpolation und dem Darstellen der Szene würden den Rahmen dieses Buches sprengen.

Die Datenstrukturen

Die Datenstruktur `Patch` enthält die Beschreibung einer Fläche mit allen nötigen Parametern. Aus Effizienzgründen wird der Zeiger `self` auf die Grundfläche gespeichert. Weiter sind die drei Eckpunkte `P1,P2,P3`, der Mittelpunkt `Mp` und die Normale `N` der Fläche, die

Eigenleuchtdichte E und der diffuse Reflexionsgrad rd, die mittlere
Leuchtdichte L und die Leuchtdichte an den Eckpunkten $L1, L2, L3$
und der Flächeninhalt A der Fläche enthalten.

```
PATCH = POINTER TO Patch;

Patch = RECORD
            self        : CARDINAL;
            P1,P2,P3,
            Mp,
            N           : vektor_type;
            E,rd,
            L,L1,L2,L3  : color_type;
            A           : REAL;
        END;
```

In dem `RootArray` werden die aus den Grundflächen (durch Szenenbeschreibung definierte Flächen) entstandenen Unterteilungsbäume gespeichert. Diese Datenstruktur ist aus Effizienzgründen wegen der
einfachen Zugriffsmöglichkeit und der möglichst geringen Anzahl der
Grundflächen als Array implementiert. Daraus ergibt sich eine Beschränkung bei der Anzahl der Ausgangsflächen. Diese Beschränkung
ließe sich durch Speichern der Unterteilungsbäume in einer Liste behe-
ben, dadurch wird aber der Zugriff auf die einzelnen Bäume erschwert.

```
PATCHTREE = POINTER TO PatchTree;

RootArray = ARRAY [1..Max] OF PATCHTREE;

PatchTree = RECORD
            F             : PATCH;
            LTree,RTree : PATCHTREE;
        END;
```

`PatchTree` ist die Beschreibung der Teilflächenbäume mit einem
Zeiger F auf die Fläche und den Unterbäumen `LTree` und `RTree`.

In der Datenstruktur `LIST` werden alle "Blattflächen" aller Flä-
chenbäume gespeichert, damit bei der Leuchtdichteberechnung effizient
auf die einzelnen Teilflächen zugegriffen werden kann.

```
LIST = POINTER TO List;

List = RECORD
           Item : PATCH;
           Next : LIST;
        END;
```

Initialisieren der Szene

Die Prozedure `InitScene` setzt die Szenenbeschreibung in die zuvor beschriebenen Datenstrukturen um. Es wird vorausgesetzt, daß die Szenenbeschreibung in dem Array `patches` abgelegt ist. Hier müssen die drei Eckpunkte, der diffuse Reflexionsgrad und die Eigenleuchtdichte jedes Dreiecks gespeichert sein. Dieses Array kann z.B. mittels Eingabesprache und Eingabedatei eingelesen werden (Unterprogramm `ReadScene`). In der Variable `PatchCounter` ist die Anzahl der gelesenen Flächen abgelegt. Nach dem Einlesen wird jede dieser Flächen in das `RootArray` eingefügt, indem der Speicher für einen neuen Baum angelegt und initialisiert wird. Anschließend wird die neue Fläche mittels `CreatePatch` in dem neuen Baum installiert. Als aktuelle Leuchtdichte wird die gelesene Eigenleuchtdichte definiert.

```
PROCEDURE InitScene(VAR Root : RootArray);
VAR i : CARDINAL;
    B : PATCHTREE;

BEGIN
  ReadScene(patches,PatchCounter);
  FOR i := 1 TO PatchCounter DO
    NEW(B);
    B^.RTree := NIL;
    B^.LTree := NIL;
    B^.F     := NIL;
    WITH patches[i] DO
       CreatePatch(B^.F,p[1],p[2],p[3],rd,E,E,i);
    END;
    Root[i] := B;
  END;
END;
```

Erzeugen einer neuen Fläche

Mittels der Procedur `CreatePatch` wird der Speicherplatz für die neue Fläche reserviert, der Zeiger auf die Ursprungsfläche, die übergebene Leuchtdichte (Schätzwert), Eigenleuchtdichte, der Reflexionsgrad und die Eckpunkte gesetzt. Anschließend werden der Mittelpunkt, die Normale und der Flächeninhalt der Fläche berechnet und gesetzt.

Unterteilen aller Blätter aller Bäume

Mit den Unterprogrammen `SplitScene` und `SplitTree` wird jede Fläche in Teilflächen aufgeteilt. Ist eine "Blattfläche" eines Baumes oder deren Helligkeitsgradient zu groß (adaptives Unterteilen), so wird sie in

```
PROCEDURE CreatePatch(VAR A        : PATCH;
                          P1,P2,P3 : vector_type;
                          rd,
                          E,
                          L        : color_type;
                          self     : CARDINAL);

BEGIN
  IF A = NIL THEN NEW(A);END;
  A^.self := self;
  A^.E     :=     E;
  A^.rd    :=    rd;
  A^.L     :=     L;
  A^.L1    :=     L;
  A^.L2    :=     L;
  A^.L3    :=     L;
  A^.P1    :=    P1;
  A^.P2    :=    P2;
  A^.P3    :=    P3;
  CalcMp      (P1,P2,P3, A^.Mp);
  CalcNormale(P1,P2,P3, A^.N );
  CalcArea    (P1,P2,P3, A^.A );
END;
```

zwei Flächen geteilt. Diese Flächen werden als neue Blätter an die Ursprungsfläche angefügt.

Jeder Baum wird mittels `SplitTree` unterteilt: Ist der Baum leer, so git es auch nichts zu unterteilen. Ansonsten werden die Unterbäume unterteilt. Wenn die beiden Unterbäume nicht leer sind, ist der Baum bereits geteilt und der Algorithmus ist fertig.

Ansonsten (der aktuelle Baum ist ein Blatt) wird mit der Funktion `ShouldBeSplit` getestet, ob es Gründe für die Teilung der Fläche gibt:

- Größe der Fläche

- Helligkeitsgradient (adaptive Unterteilung)

- sonstiges

Wenn unterteilt werden soll, wird der Platz für die beiden Unterbäume angelegt und initialisiert. Anschließend wird das Dreieck der aktuellen Fläche in zwei Dreiecke aufgeteilt und mittels `CreatePatch` die beiden neuen Dreiecke als neue Flächen in den Baum eingefügt. Als aktuelle Leuchtdichte wird die Leuchtdichte der unterteilten Fläche angenommen.

```
PROCEDURE SplitScene(Root : RootArray);
VAR i : CARDINAL;

BEGIN
  FOR i := 1 TO PatchCounter DO
    SplitTree(Root[i]);
  END;
END;




PROCEDURE SplitTree(A : PATCHTREE);
VAR P11,P12,P13,P21,P22,P23 : vector_type;

BEGIN
  IF A = NIL THEN RETURN; END;
  SplitTree(A^.LTree);
  SplitTree(A^.RTree);

  IF (A^.LTree # NIL) OR (A^.RTree # NIL) THEN
    RETURN;
  END;

  IF ShouldBeSplit() THEN
    WITH A^ DO
      NEW(LTree);
      NEW(RTree);
      LTree^.LTree  := NIL;
      LTree^.RTree  := NIL;
      LTree^.F      := NIL;
      RTree^.LTree  := NIL;
      RTree^.RTree  := NIL;
      RTree^.F      := NIL;
      SplittTriangle(F^.P1,F^.P2,F^.P3,
                     P11,P12,P13,P21,P22,P23);
      CreatePatch(LTree^.F,P11,P12,P13,
                  F^.rd,F^.E,F^.L,F^.self);
      CreatePatch(RTree^.F,P21,P22,P23,
                  F^.rd,F^.E,F^.L,F^.self);
    END;
  END;
END;
```

Berechnen der Leuchtdichten aller Teilflächen

In der Prozedur `GetBright` wird als erstes eine Liste aller Teilflächen
(Blätter aller Bäume) erstellt, damit auf diese einzelnen Flächen pro-
blemlos zugegriffen werden kann. Anschließend wird eine Kopie dieser
Liste angefertigt, um die Leuchtdichten zweier Iterationsschritte vergleichen zu können.

In einer Schleife werden die Leuchtdichten jeder Fläche der Liste
solange neu berechnet und mit den alten Werten verglichen, bis

- die maximale Anzahl der Iterationen erreicht wurde (damit keine unendliche
  Schleife entsteht, wenn die Iteration nicht konvergiert),

- der Abstand der Leuchtdichten zwischen zwei Iterationsschritten größer wird
  oder der Abstand einen vorgegebenen Wert überschreitet (die Iteration
  konvergiert nicht),

- der Abstand kleiner als ein vorgegebener Wert ist (die Iteration ist erfolgreich beendet).

Es werden in diesem Schritt nur die mittleren Leuchtdichten der Flächen berechnet. Für die Interpolation bei der Darstellung mittels Gouraud-Shading müssen noch die Leuchtdichten an den Eckpunkten der Flächen mittels `GetBrightOnEdges` bestimmt werden. Dazu wird der Mittelwert der Leuchtdichten aller an dem jeweiligen Eckpunkt liegenden Flächen bestimmt.

```
PROCEDURE GetBright(    Root      : RootArray;
                    VAR L         : LIST;
                        MaxLoop   : CARDINAL);
VAR eps1,eps2 : REAL;
    i         : CARDINAL;
    B,b       : LIST;

BEGIN
  GenerateListe(Root,L);
  B := NIL;
  b := NIL;
  CopyListe(L,B);
  eps1 := 1.0E10;
  i    := 1;
  LOOP
    CalcBright(Root,L);
    CopyListe(L,b);
    eps2 := eps1;
    eps1 := CalcDist(B,b);
    IF i >= MaxLoop THEN EXIT; END;
    IF eps1 >= eps2    THEN EXIT; END;
    IF eps1 >= 1.0E20  THEN EXIT; END;
    IF eps1 <= MaxEps  THEN EXIT; END;
    INC(i);
    B := b;
  END;
  GetBrightOnEdges(L);
END;
```

Berechnen der Leuchtdichten eines Iterationsschrittes

Mit `CalcBright` wird die Leuchtdichte eines Iterationsschrittes berechnet. Als Initialisierung wird in dem Unterprogramm `SetAll-Bright` die Leuchtdichte jeder Fläche (in jedem Baum) als Mittelwert der Leuchtdichten der beiden Teilflächen bestimmt (die Leuchtdichten der Blätter sind entweder beim Einfügen initialisiert oder bereits berechnet worden).

Anschließend wird für jede Fläche der Liste `L` die Leuchtdichte berechnet, indem die Summe der von allen Ausgangsflächen empfangenen Leuchtdichten und die Eigenleuchtdichte addiert werden. Die empfangene Leuchtdichte von einer Grundfläche wird mit dem Unterprogramm `FFij_L` berechnet.

```
PROCEDURE CalcBright(Root : RootArray;L : LIST);
VAR Item : PATCH;
    SumL : color_type;
    j    : CARDINAL;

BEGIN
  SetAllBright(Root);
  WHILE L # NIL DO
    Item := L^.Item;
    SumL := NullC;
    FOR j := 1 TO PatchCounter DO
      SumL := SumL + FFij_L(Root,Item,Root[j]);
    END;
    Item^.L := Item^.E + SumL;
    L := L^.Next;
  END;
END;
```

Berechnung der Leuchtdichte, die eine Empfängerfläche von einer Senderfläche erhält

Zur Bestimmung dieser Leuchtdichten wird der Baum mit Hilfe der Funktion `FFij_L` traversiert, indem für jeden Knoten getestet wird, ob das Entfernungsgesetz bereits erfüllt ist, d.h. ob der Fehler (siehe Formel 5.4.0.3) kleiner als eine vorgegebene Schranke ist. Wenn dies der Fall ist, wird für diesen Knoten der Formfaktor berechnet, der die Zusammenfassung aller Formfaktoren der an diesem Knoten hängenden Flächenstücke ist. Mit Hilfe dieses Formfaktors und der mittleren Leuchtdichte der Fläche dieses Knotens läßt sich deren Einfluß auf die Empfängerfläche berechnen. Wenn der Flächeninhalt der Senderfläche noch nicht klein genug ist, ergibt sich die Leuchtdichte als Summe der von beiden Unterbäumen empfangenen Leuchtdichten.

Falls Sender- und Empfängerfläche Teile derselben Ausgangsfläche sind, können sie kein Licht austauschen (bei planaren oder konvexen Ausgangsflächen), so daß die Berechnung abgebrochen werden kann.

Anderenfalls wird der Fehler bestimmt, der bei der Formfaktorberechnung auftreten kann (Funktion `Fehler`). Wenn dieser Fehler kleiner als der vorgegebene maximal zulässige Fehler ist, wird der Formfaktor ermittelt. Damit trotz des zulässigen Fehlers die Empfängerfläche nicht mehr Licht empfangen kann als die gesamte Hemisphäre aussendet, wird der Formfaktor entsprechend dem Fehler verkleinert, ansonsten ist die Konvergenz der Iteration nicht gewährleistet. Als Abschluß wird der Formfaktor mit der Leuchtdichte der Senderfläche und dem Reflexionsgrad der Empfängerfläche multipliziert.

Wenn der Fehler größer als der maximal zulässige Fehler und die Senderfläche noch weiter unterteilt ist, wird der Leuchtdichteanteil der beiden Senderteilflächen berechnet und addiert.

Hat die Senderfläche keine weitere Unterteilung mehr, so kann

- der Fehler akzeptiert und der Formfaktor berechnet werden,

- die Sender und / oder die Empfängerfläche weiter unterteilt und damit der Fehler verringert werden,

- der Formfaktor nach einer anderen Methode berechnet werden.

```
PROCEDURE FFij_L(Root : RootArray;
                 Fi   : PATCH;
                 T    : PATCHTREE): color_type;
VAR i,j      : CARDINAL;
    Error,ff : REAL;
    RetL,RetR : color_type;

BEGIN
  IF Fi  = NIL THEN RETURN NullColor;END;
  IF T   = NIL THEN RETURN NullColor;END;
  IF T^.F = NIL THEN RETURN NullColor;END;
  i := Fi^.self;
  j := T^.F^.self;
  IF i = j THEN RETURN;END;
  Error := Fehler(Fi,T^.F);
  IF (Error >= MaxError) OR (T^.LTree = NIL) OR
     (T^.RTree = NIL) THEN
     ff := FF(Root,Fi,T^.F) / (1.0 + Error);
     RETURN ff * T^.F^.L * Fi^.rd;
  END;
  FFij_L(Root,Fi,T^.LTree,RetL);
  FFij_L(Root,Fi,T^.RTree,RetR);
  RETURN RetL + RetR;
END;
```

Die Berechnung des maximalen Fehlers bei der Formfaktorbestimmung

In der Funktion `Fehler` wird zuerst der Abstand zwischen den Mittelpunkten der Sender- und Empfängerfläche und die jeweils längste Seite der beiden Dreiecksflächen bestimmt. Dabei wird davon ausgegangen, daß bei einem Dreieck die längste Seite immer größer oder gleich dem Radius des umschließenden Kreises ist.

Anschließend wird der Abstand zwischen den beiden Flächen entsprechend Abb. 5.8 verkürzt (die beiden Flächen stehen i.a. nicht senkrecht zueinander) und der Fehler nach der Formel 5.4.0.3 berechnet.

```
PROCEDURE Fehler(Fi,Fj : PATCH) : REAL;
VAR r,li,lj,Cosi,Cosj,H : REAL;

BEGIN
  r    := Dist(Fi^.Mp,Fj^.Mp);
  li   := MaxEdge(Fi);
  lj   := MaxEdge(Fj);
  Cosi := VektorCos(Fi^.Mp,Fj^.Mp,Fi^.N);
  Cosj := VektorCos(Fj^.Mp,Fi^.Mp,Fj^.N);
  r    := r - li * sqrt(1.0 - Cosi*Cosi) -
               lj * sqrt(1.0 - Cosj*Cosj);

  IF r < 1.0E-3 THEN RETURN 1000.0;END;

  H := (li*li + lj*lj) / (r*r);
  RETURN H / (1.0 + H);
END;
```

Die Berechnung der Formfaktoren

In der Funktion `FF` wird zuerst der Kosinus des Winkels zwischen der Normalen der Empfängerfläche und dem Vektor zwischen den Mittelpunkten der Empfänger- und Senderfläche bestimmt. Falls dieser Kosinuswert kleiner oder gleich Null ist, d.h. daß der entsprechende Winkel ist größer oder gleich 90^0, bedeutet dies, daß die Empfängerfläche der Senderfläche die Rückseite zuwendet, also kein Licht empfangen kann (siehe Abb. II.1). Die Berechnung kann dann abgebrochen werden.

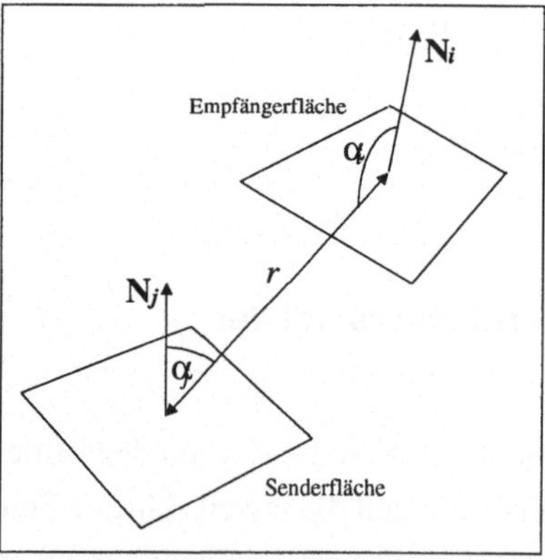

*Abb. II.1
Empfängerfläche
wendet Senderfläche
die Rückseite zu*

Bei der Berechnung des entsprechenden Kosinus der Senderfläche gilt analog, daß die Berechnung abgebrochen werden kann, wenn der Winkel größer oder gleich Null ist.

Anschließend erfolgt der Schattentest, d.h. es wird überprüft, ob die Senderfläche von einer dritten Fläche abgeschattet wird. Wenn dies der Fall ist, kann die Berechnung ebenfalls abgebrochen werden. Sind die

Flächen planar, so kann der Schattentest mit den Ausgangsflächen durchgeführt werden, wodurch sich der Aufwand erheblich reduziert.

Wenn alle Tests negativ ausgefallen sind, wird der Formfaktor nach der Formel 5.4.0.1 bestimmt.

```
PROCEDURE FF(Root : RootArray;Fi,Fj : PATCH) : REAL;
VAR Cosi,Cosj,r : REAL;

BEGIN
   Cosi := VektorCos(Fi^.Mp,Fj^.Mp,Fi^.N);
   IF Cosi <= 0.0 THEN RETURN 0.0;END;

   Cosj := VektorCos(Fj^.Mp,Fi^.Mp,Fj^.N);
   IF Cosj <= 0.0 THEN RETURN 0.0;END;

   IF Shadow(Root,Fi,Fj) THEN RETURN 0.0;END;

   r := Dist(Fi^.Mp,Fj^.Mp);
   RETURN Fj^.A * Cosi*Cosj / (r*r * pi);
END;
```

II.3 Farbberechnung

Die berechneten Farbwerte liegen als Abtastwerte vor. Diese Abtastwerte werden mittels der Normspektralwerte in das CIE-XYZ-Modell umgerechnet und anschließend werden die RGB-Werte für den Monitor bestimmt (siehe Kap. 2.5.2 Farbnormung). Der Umweg bei der Berechnung über das CIE-Modell hat den Vorteil, daß mittels geeigneter Transformationsmatrizen die Werte für verschiedene Farbmodelle berechnet werden können (z.B. CMY-Werte für die Druckausgabe).

Datentypen und Konstanten

Der Datentyp `color_type` ist die interne Darstellung einer Farbe. Mit `NoOfColorSamples` wird die Genauigkeit bei der spektralen Abtastung bestimmt. Bei unseren Versuchen haben sich vier Abtastwerte als subjektiv ausreichend erwiesen. Eine höhere Abtastgenauigkeit kann erforderlich sein, wenn das Reflexionsverhalten von Farben untersucht werden soll, so sind z.B. unterschiedliche Effekte bei der Reflexion zu erwarten, wenn die gleiche Farbe monomer oder als Mischfarbe dargestellt wird.

Der Datentyp `Spectrum` stellt das sichtbare Spektrum in 10nm Schritten dar. Dies wird z.B. zur Definition der Farben ohne Kenntnis der aktuellen Abtastgenauigkeit benutzt.

Für die Darstellung auf dem Monitor wird noch der Datentyp `RGB`, der die Rot, Grün und Blau Werte enthält, gebraucht.

Als Konstanten ist die Umrechnungsmatrix `XYZtoRGB` definiert. Diese Matrix ist von den Phosphoren des verwendeten Monitors abhängig. Wie sie zu bestimmen ist, wird z.B. in [FOL90] Seite 585ff beschrieben. (Leider werden bei den meisten Monitoren diese Werte nicht angegeben, so daß hier geraten werden muß.)

Die Normspektralwerte `xLambda`, `yLamdba` und `zLambda` sind in 10nm Schritten definiert und werden für die Berechnung der CIE-XYZ-Werte aus den spektralen Abtastwerten benötigt.

Die Berechnung der RGB-Werte

In der Funktion `ColorToRGB` werden aus den spektralen Abtastfarbwerten die RGB-Werte für den Monitor berechnet. Dazu ist es notwendig zuerst die Abtastwerte mittels der Hilfsfunktionen `X`, `Y` und `Z` in das CIE-XYZ-Modell zu transformieren. Diese Werte werden anschließend

```
TYPE color_type = ARRAY [1..NoOfColorSamples] OF REAL;

     Spectrum    = ARRAY [38..78] OF REAL;

     RGB         = RECORD
                     R,G,B : CARDINAL[0..255];
                   END;

CONST XYZtoRGB =  { ( 2.591,  -1.192,  -0.398},
                    {-1.290,   2.241,   0.067},
                    { 0.086,  -0.286,   1.201)
                  };

   xLambda = {0.0014,  0.0042,  0.0143,  0.0435,  0.1344,
              0.2839,  0.3483,  0.3362,  0.2908,  0.1954,
              0.0956,  0.0320,  0.0049,  0.0093,  0.0633,
              0.1655,  0.2904,  0.4334,  0.5945,  0.7621,
              0.9163,  1.0263,  1.0622,  1.0026,  0.8544,
              0.6424,  0.4479,  0.2835,  0.1649,  0.0874,
              0.0468,  0.0227,  0.0114,  0.0058,  0.0029,
              0.0014,  0.0007,  0.0003,  0.0002,  0.0001,
              0.0000
             };

   yLambda = {0.0000,  0.0001,  0.0004,  0.0012,  0.0040,
              0.0116,  0.0230,  0.0380,  0.0600,  0.0910,
              0.1390,  0.2080,  0.3230,  0.5030,  0.7100,
              0.8620,  0.9540,  0.9950,  0.9950,  0.9520,
              0.8700,  0.7570,  0.6310,  0.5030,  0.3810,
              0.2650,  0.1750,  0.1070,  0.0610,  0.0320,
              0.0170,  0.0082,  0.0041,  0.0021,  0.0010,
              0.0005,  0.0002,  0.0001,  0.0001,  0.0000,
              0.0000
             };

   zLambda = {0.0065,  0.0201,  0.0679,  0.2074,  0.6456,
              1.3856,  1.7471,  1.7721,  1.6692,  1.2876,
              0.8130,  0.4652,  0.2720,  0.1582,  0.0782,
              0.0422,  0.0203,  0.0087,  0.0039,  0.0021,
              0.0017,  0.0011,  0.0008,  0.0003,  0.0002,
              0.0000,  0.0000,  0.0000,  0.0000,  0.0000,
              0.0000,  0.0000,  0.0000,  0.0000,  0.0000,
              0.0000,  0.0000,  0.0000,  0.0000,  0.0000,
              0.0000
             };
```

mit Hilfe der Umrechnungsmatrix XYZtoRGB und der Skalierung Max-
Bright in das normierte RGB-Modell transformiert (siehe Abb. 2.13).
Die drei Werte dieses Modells sollten zwischen Null und Eins liegen.
Wenn ein oder mehrere dieser Werte kleiner als Null sind, so ist die Farbe
auf dem Monitor nicht darstellbar (siehe Seite 19 Abb. 2.12). Für diesen
Fall schlagen wir folgende Methode vor: Der Farbe wird solange Weiß
zugemischt, bis der kleinste der drei Werte Null erreicht. Dies entspricht
einer Sättigungsreduzierung. Anschließend wird der Farbvektor durch
Skalieren auf seine ursprüngliche Länge gebracht.

Ein zweiter Fehler kann darin bestehen, daß einer oder mehrere der RGB-Werte größer als Eins sind. Dies bedeutet, die Helligkeit der Farbe ist zu groß und kann nicht mehr dargestellt werden. Hier haben wir mit

```
  PROCEDURE ColorToRGB(C : color_type) :  RGB;
  VAR i          : CARDINAL;
      Ret        : RGB;
      W,S1,S2,N  : REAL;
      CIE : RECORD
              X,Y,Z : REAL;
            END;
      rgb : RECORD
              r,g,b : REAL;
            END;

  BEGIN
    CIE.X := 0.0;
    CIE.Y := 0.0;
    CIE.Z := 0.0;
    FOR i := 1 TO NoOfColorSamples DO
      CIE.X := CIE.X + Sample_To_X_Y_Z(xLambda,i)*C[i];
      CIE.Y := CIE.Y + Sample_To_X_Y_Z(yLambda,i)*C[i];
      CIE.Z := CIE.Z + Sample_To_X_Y_Z(zLamb
da,i)*C[i];
    END;
    rgb.r := (XYZtoRGB[1,1]*CIE.X +
              XYZtoRGB[1,2]*CIE.Y +
              XYZtoRGB[1,3]*CIE.Z) / MaxBright;
    rgb.g := (XYZtoRGB[2,1]*CIE.X +
              XYZtoRGB[2,2]*CIE.Y +
              XYZtoRGB[2,3]*CIE.Z) / MaxBright;
    rgb.b := (XYZtoRGB[3,1]*CIE.X +
              XYZtoRGB[3,2]*CIE.Y +
              XYZtoRGB[3,3]*CIE.Z) / MaxBright;
    WITH rgb DO
      W := Min(r,Min(g,b));
      IF W <= 0.0 THEN
        S1 := r*r + g*g + b*b;
        r  := r - W;
        g  := g - W;
        b  := b - W;

        S2 := r*r + g*g + b*b;
        N  := sqrt(S2 / S1);
        r  := r / N;
        g  := g / N;
        b  := b / N;
      END;
      IF case1 THEN
        N := Max(r,Max(g,b));
        IF N >= 1.0 THEN
          r := r / N;
          g := g / N;
          b := g / N;
      ELSE
        IF r > 1.0 THEN r := 1.0;END;
        IF g > 1.0 THEN g := 1.0;END;
        IF b > 1.0 THEN b := 1.0;END;
        END;
      END;
      Ret.R := TRUNC(r * 255.0);
      Ret.G := TRUNC(g * 255.0);
      Ret.B := TRUNC(b * 255.0);
    END;
    RETURN Ret;
```

zwei verschiedenen Ansätzen experimentiert. Bei der ersten Möglichkeit wird der Farbvektor so skaliert, daß seine größte Komponente gerade Eins erreicht, d.h. der Farbvektor wird an den Grenzen des RGB-Würfels abgeschnitten. Diese Vorgehensweise hat den Vorteil, daß der berechnete Farbton erhalten bleibt und nur die Helligkeit reduziert wird. Bei der zweiten Vorgehensweise werden einfach die Komponenten, die größer Eins sind, auf Eins gekürzt. Dadurch wird zwar eine Farbverschiebung (in Richtung Weiß) in Kauf genommen, aber die Helligkeit ist i.a. größer als im ersten Fall. Diese zweite Vorgehensweise zeigt Überblendungen in den Bildern deutlicher als im ersten Fall.

Nachdem sichergestellt ist, daß die RGB-Werte alle zwischen Null und Eins liegen, werden sie auf den Maximalwert 255 skaliert und als Funktionsergebnis zurückgegeben.

Hilfsfunktionen

Die Hilfsfunktion `Sample_To_X_Y_Z` berechnet den Farbwertanteil des CIE-XYZ-Modells für das Wellenlängenintervall, dem der n-te Abtastwert entspricht (siehe Formel 2.5.2.1). Die Funktion `SetSpectrum` ist für die Definition von Farben vorgesehen. Es wird ein Wellenlängenintervall `from` bis `to` in 1nm Schritten angegeben, das auf die "Amplitude" `A` gesetzt wird. Dieses Spektrum kann dann mittels der Funktion `SpectrumToColor` in die aktuelle Anzahl von Abtastwerten umgerechnet werden.

```
PROCEDURE Sample_To_X_Y_Z(Lamda : Spectrum;
                          n     : CARDINAL) : REAL;
VAR i   : CARDINAL;
    Ret : REAL;

BEGIN
  Ret := 0.0;
  FOR i := ((n-1)*40) DIV NoOfColorSamples + 1 TO
           (n*40)     DIV NoOfColorSamples DO
    Ret := Ret + Lamda[78-i];
  END;
END;
```

```
PROCEDURE SetSpectrum(from,to : CARDINAL;
                      A        : REAL      ): Spectrum;
VAR i   : CARDINAL;
    Ret : Spectrum;

BEGIN
  Ret  := NullSpectrum;
  from := from DIV 10;
  to   := to   DIV 10;
  IF from > 78 THEN from := 78;END;
  IF to   < 38 THEN to   := 38;END;
  FOR i := from TO to BY -1 DO
    Ret[i] := A;
  END;
  RETURN Ret;
END;
```

```
PROCEDURE SpectrumToColor(Spec : Spectrum) : Color_type;
VAR i,n : CARDINAL;
    Ret : color_type;


BEGIN
  Ret := NullColor;
  FOR n := 1 TO NoOfColorSamples DO
    FOR i := (((n-1)*40) DIV NoOfColorSamples) + 1 TO
             (n   *40) DIV NoOfColorSamples DO
      Ret[n] := Ret[n] + Spec[78-i] /
             FLOAT(((n   *40) DIV NoOfColorSamples)-
                  (((n-1)*40) DIV NoOfColorSamples));
    END;
  END;
  RETURN Ret;
END;
```

Literatur

[BECK90]   Beckmann, N. , Kriegel, H. P. , Schneider, R. , Seeger, B. : The R*-tree: An Efficient and Robust Access Method for Points and Rectangles, SIG-MOD '90, Vol. 19, Mai 1990

[BLIN77]   Blinn, J. F. : Models of Light Reflection for Computer Synthesized Pictures, SIGGRAPH '77, Vol. 11, Nr. 2, S. 192-198

[CLAU88]   Claussen, U. : Beleuchtungsmodelle und Beleuchtungsalgorithmen in der graphischen Datenverarbeitung, WSI-GRIS 88-3, Forschungsbericht des Arbeitsbereiches Graphisch-Interaktive Systeme des Wilhelm Schickard Institut für Informatik, Universität Tübingen, August 1988

[CLAU91]   Claussen, U. : Verfahren zur schnellen Beleuchtungs- und Schattierungsberechnung, Dissertation an der Fakultät für Physik der Eberhard-Karls-Universität zu Tübingen, 1991

[COH85]   Cohen, M. F. , Greenberg, D. P. : The Hemi-Cube, A Radiosity Solution for Complex Environments, SIGGRAPH '85, Vol. 19, Nr. 3, Juli 1985, S. 254-263

[COH86]   Cohen, M. F. , Greenberg, D. P. , Immel, D. S. , Brock, P. J. : An Efficient Radiosity Approach for Realistic Image Synthesis, IEEE Computer Graphics and Applications, März 1986, S. 26-35

[COOK81]   Cook, R. L. , Torrance, K. E. : A Reflectance Model for Computer Graphics, SIGGRAPH '81, Vol. 15, Nr. 3, August 1981, S. 244-253

Literatur

[COOK84]   Cook, R. L. , Porter, T. , Carpenter, L. : Distributed Ray Tracing, SIGGRAPH '84, Vol. 18, Nr. 3, Juli 1984, S. 137-145

[COOK89]   Cook , R. L. : Stochastic Sampling and Distributed Ray Tracing, aus: An Introduction to Ray Tracing, Herausgegeben von A. Glassner, Academic Press, 1989, S. 161-199

[FOL90]   Foley, J. D. , van Dam, A. , Feiner, S. K. , Hughes, J. F. : Computer Graphics: Principles and Practice, Addison-Wesley Publishing Company, 1990

[FUJI86]   Fujimoto, A. , Tanaka, T. , Iwata, K. : ARTS: Accelerated Ray-Tracing System, IEEE Computer Graphics and Applications, April 1986, S. 16-26

[GLAS84]   Glassner, A. S. : Space Subdivision for Fast Ray Tracing, IEEE Computer Graphics and Applications, Oktober 1984, S. 15-22

[GORA84]   Goral, C. M. , Torrance, K. E. , Greenberg, D. P. , Battaile, B. : Modeling the Interaction of Light Between Diffuse Surfaces, SIGGRAPH '84, Vol. 18, Nr. 3, Juli 1984, S. 213-222

[GRO90]   Große, F. , Hillrichs, O. , Schmidt, G. : Strahlverfolgung: Darstellung von "rekursiv generierten" Polyedern, Diplomarbeit am Studiengang Mathematik/Informatk an der Universität Bremen, September 1990

[GROß91]   Große, M. , Berg, A. , Clavé, S. : Simulation von Straßenbeleuchtungsanlagen - Einsatz fortschrittlicher Methoden der Graphischen Datenverarbeitung, LICHT, Juni 1991, S. 474-482

[HALL83]   Hall, R. , Greenberg, D.P. : A Testbed for Realistic Image Synthesis, IEEE Computer Graphics and Applications, November 1983, S. 10-20

[HALL86]   Hall, R. : A Characterization of Illumination Models and Shading Techniques, The Visual Computer, 2, 1986, S. 268-277

[HALL87]   Hall, R. : Color Reproduction and Illumination Models, aus: Techniques for Computer Graphics, Editor: D. F. Rogers und R. A. Earnshaw, Springer Verlag, 1987

[HALL89]   Hall, R. : Illumination and Color in Computer Generated Imagery, Springer Verlag, 1989

[HEN87]   Hentschel, H.J. : Licht und Beleuchtung, Theorie und Praxis der Lichttechnik, Dr. Alfred Hüthig Verlag, Heidelberg, 1987

[HOF89]   Hofmann, G. R. , Reichenberger, K. : Realismus als eine Kategorie technischer Bildqualität?, Ein Diskussionsbeitrag, GI Informatik Fachberichte, Band 222, Hrsg.: M. Paul, GI 19. Jahrestagung, Band 1, Springer Verlag, 1989

[IMM86]   Immel D. S. , Cohen, M. F. , Greenberg, D. P. : A Radiosity Method for Non-Diffuse Environments, SIGGRAPH '86, Vol. 20, Nr. 4, August 1986, S. 133-142

[KAJI86]   Kajiya, J.T. : The Rendering Equation, SIG-GRAPH '86, Vol. 20, Nr. 4, August 1986, S. 143-150

[KEI67]   Keitz, H. A. E. : Lichtberechnungen und Lichtmessungen, Philips Technische Bibliothek, 1967

[LANG89]   Lange, B. : Die Simulation optischer Strahlungsprozesse durch stochastisches Ray-Tracing, Diplomarbeit am Lehrstuhl für Angewandte Mathematik, insbesondere Informatik, Rheinisch-Westfälische Technische Hochschule Aachen, Juni 1989

[MEI89]   Meier, R. : Bildsynthese durch Strahlverfolgung, Diplomarbeit am Studiengang Mathematik/Informatik an der Universität Bremen, Februar 1989

[MEY86]   Meyer, G. W. : Tutorial on color science, The Visual Computer, Nr. 2, 1986, S. 278-290

Literatur

[NIK89]   Nikschat-Tillwick, I. , Sachse, O. : Strahlverfolgungsverfahren: Behandlung der einzelnen Texturprobleme für einzelne Objekte, Diplomarbeit am Studiengang Mathematik/Informatik an der Universität Bremen, März 1989

[PHO75]   Phong, B. T. : Illumination for Computer Generated Pictures, Communications of the ACM, Vol. 18, Nr. 8, Juni 1975, S. 311-317

[RECK90]   Recker, R. J. , George, D. W. , Greenberg, D. P. : Acceleration Techniques for Progressive Refinement Radiosity, SIGGRAPH '90, Vol. 24, Nr. 2, März 1990, "Special Issue on 1990 Symposium in Interactive 3D Graphics", S. 59-65

[SILL89]   Sillion, F. , Puech, C. : A General Two-Pass Method Integrating Specular and Diffuse Reflection, SIGGRAPH '89, Vol. 23, Nr. 3, Juli 1989, S. 335-344

[VER84]   Verbeck, C. P. , Greenberg, D. P. : A Comprehensive Light-Source Description for Computer Graphics, IEEE Computer Graphics and Applications, July 1984, S. 66 -75

[WALL87]   Wallace, J. R. , Cohen, M. F. , Greenberg D. P. : A Two-Pass Solution to the Rendering Equation: A Synthesis of Ray Tracing and Radiosity Methods, SIGGRAPH '87, Vol. 21, Nr. 4, Juli 1987, S. 311-320

[WARN83]   Warn, D. R. : Lightning Controls for Synthetic Images, SIGGRAPH '83, Vol 17, Nr. 3, July 1983, S. 13-21

[WHIT80]   Whitted, T. : An Improved Illumination Model for Shaded Display, Communications of the ACM, Vol. 23, Nr. 6, Juni 1980, S. 343-349

[WYS67]   Wyszecki, G. , Stiles, W. S. : Color Science, Concepts and Methods, Quantitative Data and Formulas, J. Wiley & Sons, Inc., New York, London, Sidney, 1967

Index